U0074258

略述台灣太歲信仰之歷史沿革

蘇原裕 著

序

陳清香／文化大學史學系教授

　　傳統中國的思想，以儒、釋、道流三家為主流，三家宮廟所供奉的尊像中，儒家最為單純，文廟主殿不供具體人樣的孔子為主神，只供牌位。至於釋與道二家，則殿內供像眾多，神格階位層次分明，每尊神明造型外觀，有其固定的特色。而傳至唐宋以下，此二系統的某些尊像，卻演至相互影響，甚至形成合而為一的現像。

　　本文作者為追溯台灣「安太歲」信仰源流，文中前段首章次章，先討論屬於中國傳統太歲信仰的起源，再隨著歷代因祭祀所設的太歲壇，受到官方的肯定，而奠定民眾對太歲的信仰。三章再提及道教斗姆信仰的興起，卻因佛教密宗系統的入華，在唐開元年間，印度僧人金剛智、不空以及長安僧人一行等，翻譯了屬於北斗七星念誦儀軌的經典，中土星宿學的思想遂傳誦於佛教群體間。而不空金剛又翻譯了四部屬於密教部的《摩利支天經》，到了宋代天息災更譯出《佛說大摩里支菩薩經》。文中提道教斗姥與摩利支天

的合體，再論及斗姆信仰與太歲信仰的合流等。

　　文中後段二章先分析斗姆神君、脅侍的外型、手中的持物等，並比對六十太歲的造型、手勢等。最後舉出二十世紀末供奉在台灣諸多宮廟元辰殿的斗姆神像與左輔右弼星君，以及圍繞在四周的六十太歲神像等。尤其關鍵性的事蹟，於1991年，麻豆代天府自北京白雲觀迎請六十太歲神像回廟供奉，白雲觀的太歲神像造形，逐漸成為台灣各廟宇模仿的對象。而今日台灣的宮廟信眾已發展了點光明燈、點太歲燈的風氣。總之，前後行文是貫穿了台灣太歲信仰的源流、沿革等演變史。

　　而有關星斗的崇拜，近年來在台灣已成顯學，除了書籍內容作系統的陳述外，近日更出現在報刊中，如本月7日發行的〈自由時報〉，其B5頁的對開版面中，主軸刊載了一篇以〈道教大神—北斗星君—管很大〉為標題的文章，文章作者為黃健庭。文章起首即曰：「星斗崇拜，是道教文化的特色，而高懸於北方天際的北斗星，則是星斗崇拜的核心。在天文中，肉眼可觀察到的北斗七星，又稱為大熊星座，……」整篇行文中更附刊三幅大小不一的華麗彩圖為插圖，呈圖文並茂的畫面，共佔了B5頁整頁的三分之二以上，本版非廣告版，卻十分炫然。

　　回顧台灣的開發史，自史前時代，經原民時代，而至

十七世紀後，方進入信史時代。其中自原民時代以下的宗教信仰，始終是文化發展的主軸。整體而言，台灣的宗教信仰，依次可分為：一者，原民時代的原民信仰。二者，荷西時代的西洋基督宗教信仰。三者，明清時代，傳入漢人的宗教信仰，意即儒釋道為三大宗，清乾隆之際又傳入齋教。四者，日治時代，傳入日系佛教與日本神道教。五者，進入當代，此時日系信仰離台，但全世界主要宗教，均可入台，原被禁止的鸞教、一貫道教也公開流傳。而就全民信仰而言，以民間宗教為最盛行的系統，本文所述的太歲信仰，雖可溯源自中國傳統道教或儒教，但處於當代，應屬於台灣民間宗教，是台灣文化史重要的一環，身為台灣人值得認識了解此信仰的內涵及來龍去脈。

　　欣聞多年前在法鼓文理學院佛教學系，選修筆者開授「佛教藝術專題研究課程」的蘇原裕仁棣，用心撰述的太歲信仰論著，即將出書，筆者先睹為快，緣綴數語，以表祝賀，是為序。

序於台北市士林志成園畔

2021年 民國110年歲次辛丑9月9日

序

劉國威／國立故宮博物院書畫文獻處研究員兼科長

　　我、蘇原裕先生認識結緣已近十年。往昔任教佛光大學佛教學院時，曾於法鼓佛教學院兼任開設「西藏佛教史專題」、「西藏佛教文獻」等課程，當時蘇原裕先生曾選修我四學期的課程；轉任故宮現職後，未再於法鼓兼課，仍有幸擔任其碩士論文指導教授。蘇先生對佛教藝術抱有高度研究熱誠，其碩士論文主題是針對佛教的密教本尊「怖畏金剛」（Vajrabhairava）的圖像研究。畢業後考入佛光大學佛教學系博士班就讀，仍致力於佛教藝術的研究領域，《因陀羅繪畫的研究——以寒山拾得繪畫為核心》是其博士論文研究主題，藉由對主題人物因陀羅的研究分析，進一步探討其繪畫對蒙元時期禪畫的影響。台灣從事佛教藝術研究的專業學者本就不多，涉獵蒙元禪畫藝術者更是少數，他能以嚴謹的研究態度，結合史料文獻，從中釐清其間發展脈絡，其總體論述脈絡明確，並能博引佐證，可見其研究的細心。

　　這本《略述台灣太歲信仰之歷史沿革》是蘇原裕先生

的新近專著，此書主題看似較與民間信仰習俗相關，似未與
佛教藝術相涉，但讀者仍可在閱讀過程中見到作者的文獻考
證功力及藝術圖像的細密分析，尤其「安太歲」信仰雖來自
道教的星宿崇拜，但其發展過程又與「斗姥」信仰有密切關
聯，而「斗姥」實源自印度佛教的重要密教本尊「摩利支
天」菩薩（Marīci），因此，蘇先生仍能就此獨特「佛化為
道」的淵源發揮其佛教研究的固有專長，從史料及圖像兩方
面梳理出其間轉化脈絡。在此基礎上，才能進一步明瞭「太
歲」信仰在台灣發展歷程，蘇先生在這方面也花了相當時間
進行田野調查，蒐集整理台灣不同地區各具特色的「斗姥」
與「六十太歲」造像。

　　此主題雖有前人的研究成果，但在「斗姥」的佛教淵源
這部分未見較深入的探究，此類信仰轉移至台灣後的在地發
展也是過往未被重視的主題，蘇先生此作頗能補充前人未完
善的研究成果，此即本專著的卓越之處，故樂意為序。

自序

　　二年前，農曆過年時，因所屬生肖沖犯太歲，身邊之
親友，建議我去廟裡安個太歲，一方面隨順親友之意，另一
方面也想反正也不礙事，無妨去試一試，就去松山慈祐宮
花了數百元點了個太歲燈、也得到了一個隨身攜帶之太歲
符，就這樣與太歲結了緣。

　　回來後，因為好奇，就順手拿了（請了）廟裡的一些
有關太歲之資料、書刊來看，這一開始竟然引出了我的興趣
來，原來太歲之思想，早起於商周之時，為我國傳統之儒道
思想之一，因此我就上國家圖書館，找了一些資料來看，諸
如：陳峻誌的碩、博論，及石宜鑫、林怡青、陳鶴文之有關
之碩論，埋頭研究起來，之後又去找了一些專論及專書來參
照，就這樣在心中有了這本書之雛形。

　　今年年初時，各大網路、新聞媒體，及各宮觀、寺廟又
大加宣傳安太歲、點太歲燈之事，因此萌發了，我寫本書之
念頭，於是暫時丟開了手邊之雜事，花了幾近半年時間，埋
頭提筆寫就了此本小書。

　　本書雖是寫台灣太歲信仰之歷史沿革，但是還是依照

太歲信仰之起源，追溯至商周之起源時期，及歷經兩漢之醞釀、唐宋之演變、宋元民間傳說之附會，及信仰之民俗化，但到了明清之時，又沉寂了一段時日，直到1990年代，突然在以台灣為主之華人世界裡大加流行起來，蔚然成風。

　　現時之太歲信仰的流行，雖然是以台灣為主，但因在台民初入台之時，並未有太歲之信仰跟隨著流傳過來，因此，在1990年開始興起安太歲、拜太歲之風時，各大宮觀、寺廟苦找不到太歲之來源與造像之依據，只能暫時以牌位代替之。幸而於此時，兩岸宗教事務交流興起，台灣之宗教團體，到北京參訪時，無意中發現了北京白雲觀中之元辰殿，正巧為祭拜「太歲」之專殿，設置有六十太歲神像及太歲統領——斗姆神君之像，一組完整之太歲專祀殿堂。

　　就這樣，高雄關帝殿立即請大陸福建神像造像師傅，依樣仿造，並於1992年完成太歲專殿之設置及開光，另於1991年9月台南麻豆代天府，更是直接從北京白雲觀迎請回六十太歲神像，搶先設置太歲專殿供奉，成為台灣第一家有六十太歲之專殿的廟宇。此後，台灣各處之宮觀、寺廟，陸陸續續地設置起太歲專殿、或祭祀專壇，形成今日各大小宮觀、寺廟泰半皆有供奉太歲之盛況。

　　廿一世紀的現代社會，隨著科技、電腦、網路之發展，實體的安太歲、拜太歲，也隨之轉換成點太歲燈，進而點雲

端太歲燈、安雲端太歲，只要在自己之電腦或手機上，敲幾個鍵一切就可搞定，十分方便，更因為科技之發達，人們生活忙碌，精神上甚顯得空虛，太歲之信仰之簡易方便，非常適合現代人之生活需求，也就因此而大為興盛。

最後，希望本書能帶給讀者，一個清晰的太歲信仰來源之概念。

目　次

圖表目次

第一章

太歲信仰之源流與歷史演變

　　近年來，每當春節來臨之時，新聞媒體及網路上，除了傳統的習俗「點光明燈」外，還會大肆宣揚「安太歲」、「點太歲燈」等民間信仰習俗，各地方之大小宮觀、寺廟亦多宣揚此項活動，並提供此項服務（基本上是收費的服務）。

　　「安太歲」、「點太歲燈」到底是怎麼一回事？它們有何作用、功效？這些習俗是如何而來的？底下本文將就太歲文化之起源、太歲信仰之演化，做一系統性之論述與介紹。

第一節　太歲文化起源

　　早在殷商、周朝之初時，就有「太歲」之說了，《荀子》〈儒效篇〉中云：「武王之誅紂也，行之日以兵忌，東面而迎『太歲』」[1]，雖然荀子（316BC？～235BC？）為戰國時期之人，《荀子》一書為前漢劉向（77BC～06BC）所整理而成之書，但從此書之描述可推知於殷商末年、周朝初興武王伐紂之時，已有「太歲」之思想與「太歲」之說了。在1976年陝西省臨潼縣零口鎮出土之西周青銅器「利簋」，其上有四行共三十二個字之銘文：

　　「珷征商隹（唯）甲子朝歲
　　鼎克昏（聞）夙又（有）商辛未
　　王才（在）闌師易（賜）又（右）吏利
　　金用乍（作）𣄰公寶尊彝」[2]（見圖一）

　　此銘文已被金鼎文學者解讀了，其大意為：「周武王伐商朝紂王時，於甲子日清晨時，有『歲』星（木星）出

---

[1]　參見：《荀子》〈儒效篇〉，北京：中國長安出版社，2009.05，頁：71。

[2]　參見：https://kknews.cc/zh-tw/culture/g22lnjm.html，2021.03.06擷取。

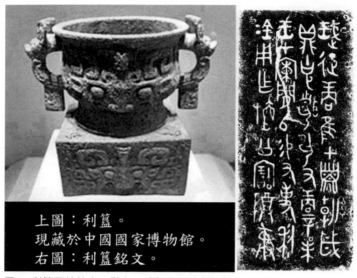

上圖：利簋。
現藏於中國國家博物館。
右圖：利簋銘文。

圖1：利簋及其銘文。引自：〔每日頭條〕網頁https://kknews.cc/zh-tw/
culture/g22lnjm.html，2010.03.06擷取。（本文作者自行合成）

現，應當屬於吉兆，周朝之師向商紂發起進攻，最終取得
勝利，於第八天（辛未日），周武王對有功之人員，進行
犒賞。」由於此銘文之紀載，可將「歲」之說，向前推至
殷商末期周武王伐紂之時的西元前1046年，此處之「歲」為
歲星（木星），相應於後來之「太歲」，後文將會有詳細
之解說。

　　此外，於前漢時之一些文件中，亦有多處言及「歲」、
「歲星」、「太歲」之記載，略舉如下：

《國語》[3]〈周語〉：「昔武王伐殷，『歲』在鶉火，月在天駟，日在析木之津，辰在斗柄，星在天黿。星與日辰之位，皆在北維。」[4]

《漢書》[5]〈天文志〉：「『歲星』所在，國不可伐，可以伐人。」[6]

《漢書》〈郊祀志〉：「而雍有日、月、參、辰、南北斗、熒惑、太白、『歲星』、填星、辰星、二十八宿、風伯、雨師、四海、九臣、十四臣、諸布、諸嚴、諸逐之屬，百有餘廟。」、[7]「宣帝（在位74BC～49BC）即位……又立『歲星』、辰星、太白、熒惑、南斗祠於長安城旁。」[8]

《爾雅》[9]〈釋天〉：「『大歲』[10]在甲曰閼逢，在乙曰旃

---

[3]　《國語》據傳（或託名）為左丘明（556BC~452BC）所著，成書於戰國初年，記載周王室及齊、魯、楚、吳、越等諸侯國之史事。

[4]　參見：《國語》〈周語〉下，台北：里仁書局，1980.09，頁：138。

[5]　為傳為班固（32~92）、班彪（父）、班昭（妹）三人所共作，為中國第一部紀傳體之斷代史，記載前漢之史事。

[6]　參見：《漢書》〈天文志〉第六，台北：臺灣商務印書館股份有限公司，1981.01，頁：300。

[7]　參見：《漢書》〈郊祀志〉第五上，台北：臺灣商務印書館股份有限公司，1981.01，頁：274。

[8]　參見：《漢書》〈郊祀志〉第五下，台北：臺灣商務印書館股份有限公司，1981.01，頁：288-289。

[9]　《爾雅》託名為周公所著、孔子所增篇、子夏所益……，為中國最早之訓詁書，在漢武帝之時已有注疏了，應成書於春秋戰國之時。

[10]　此處之『大歲』，各家之注疏皆曰「太歲」也。

蒙，在丙曰柔兆，在丁曰強圉，在戊曰著雍，在己曰屠維，
在庚曰上章，在辛曰重光，在壬曰玄黓，在癸曰昭陽。」、
「『太歲』在寅曰攝提格，在卯曰單閼，在辰曰執徐，在巳
曰大荒落，在午曰敦牂，在未曰協洽，在申曰涒灘，在酉曰
作噩，在戌曰閹茂，在亥曰大淵獻，在子曰困敦。在丑曰赤
奮若。」[11]

　　而「歲」、「歲星」、「太歲」之間又是如何區分？在
先秦前期之文獻中，所言之「歲」，大多是指稱「歲星」，
到了戰國中、末期，《荀子》書中始出現「太歲」一詞，然
而在彼時，時常並用、混淆著稱呼，並未嚴格區分之。因此
在這些古籍上所言之「歲」有時是指「歲星」，但亦可能是
指「太歲」，[12]要依前後文之脈絡來看，才能確定。到了漢
代以後，才逐漸明顯的指稱「太歲」一詞。至於「歲星」與
「太歲」之別，略述於下：

　　中國古時之天文學，是依人的肉眼所觀測之星象而集
成的，依此而訂立曆法，以做為農時耕作之規準，諸如：四
時（春耕、夏長、秋收、冬藏）、八節（立春、春分、立
夏、夏至、立秋、秋分、立冬、冬至）等節氣。天空則以恆

---

[11] 參見：《爾雅》〈釋天〉，台北：台灣古籍出版有限公司，
2002.01，頁：187。
[12] 迄今出土之先秦時期文物、文獻中，之「歲」、「太歲」亦有少數
非指「歲星」或「太歲」之例外，詳參見：陳峻誌碩論，《太歲信
仰研究》，2007.06，頁：79-85。

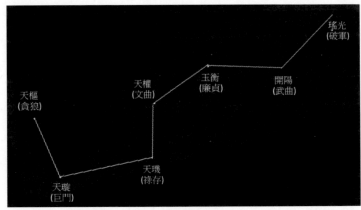

圖2：北斗七星示意圖。（本文作者自繪）

星——北極星為準，依北斗七星[13]之杓柄所指，分成「十二次」（十二個間隔），十二年旋轉一周天。同時，除了日、月外，亦觀察到水、金、火、木、土五大行星[14]，併稱為七曜。其中以木星之行程最為方便紀年，一周期約為十二年（11.8622年），約略等同於北斗七星之杓柄所指的方位一周天之循環——十二年一循環。方便人們較長時間之紀年，因

---

[13] 北斗七星即今所謂之大熊星座，漢代緯書《春秋運斗樞》：「第一天樞，第二天璇，第三天璣，第四天權，第五玉衡，第六開陽，第七瑤光。第一至第四為魁（按：杓斗），第五至第七為標（按：杓柄），合而為斗。」參見：https://www.facebook.com/ichintri/photos/，2021.03.20擷取；另，北斗七星在道書上（依序）稱為貪狼、巨門，祿存、文曲，廉貞、武曲、破軍七星。

[14] 在道書上（依序）稱為為辰星、太白、熒惑、歲星、填星。

之，把木星稱之為歲星。

　　但是，依古人之觀察，以地為中心，日行由東向西行（人若面對著北極星，即為右行、順時鐘轉），周而復始，稱為一日，月亦繞地而右行，一個循環約三十天，一年十二循環，而歲星（木星）一年行「一次」（一個間格，約十二分之一周天），左行（逆時鐘轉），又因歲星是在地球之外圈繞太陽公轉，它的公轉速度相較於地球繞太陽之公轉速度為慢，因此從地球上觀看木星，時而向著地而前行而來（木星在地球前方時）——前行、順行；時而背著地而行（木星在地球後方時）——後退、逆行，有如《晉書》〈天文志第一〉上，所云：《周髀》家云：「譬之於蟻行磨石之上，磨左旋而蟻右去，磨疾而蟻遲，故不得不隨磨以左迴焉。」[15] 此順行、逆行實際上是人立於地而觀看木星之行的錯覺，[16] 但因此而造成非常不方便於觀察以及用來紀年，更因為木星一循環周期並非正好整十二年（為11.8622年），會產生超辰現象，因此古人便虛擬出一個星宿——太歲，同樣右行（以地為中心，面向北極星看）、由東向西行，且速度調整為整十二年一周天，如此便可以方便、準確地用來紀年。《周

15　參見：《晉書》〈志第一〉〈天文〉上，台北：臺灣商務印書館股份有限公司，1981.01，頁：69。

16　參見：陳峻誌碩論，《太歲信仰研究》，註16：木星衝之週期為每399天（約1.1年）一次，故之前六十多天，到之後六十多天，皆為木星逆行期間（按：每年約四個月時間）。2007.06，頁：83。

禮》卷二十六〈保章氏〉鄭玄注、賈公彥疏曰：「在地之太歲」、「歲星為陽，右行於天；太歲為陰，左行於地，十二歲而小周。」[17]也就是當人站在地面上，北面向著北極星而觀時，太歲由東向西行——與日、月同向而行。

此太歲與歲星對應之關係，早在先秦時期已被建立起來了，只不過在當時太歲與歲星二者之間的區分上蒙昧不清，時常被混淆、弄錯。據陳峻誌之研究，在漢武帝之前的數術、佔星是以歲星為主，到了武帝之後則以太歲作為主流，陳峻誌云：「漢武帝在位時期乃是太歲由歲星分化並且取得獨立的關鍵時代」[18]

由於古人以虛擬的太歲（星）取代了實際存在的歲星（木星），用來紀年以及作為星相、命相上之用。又，因以歲星行於天為陽，故以之相對應的太歲為行於「地」為「陰」。到了唐宋之時，又有以太歲為地下／地中之神祇，在挖地、動土時須避開，否則會冒犯、沖犯到祂，甚至會挖到在地底下之太歲肉。[19]地下太歲之說盛行於唐、宋之時，

---

[17] 參見：鄭玄注，賈公彥疏：《周禮注疏》卷二十六，台北，台灣古籍出版有限公司，2001.10，頁：830。

[18] 參見：陳峻誌博論，《太歲的信仰溯源與祭祀空間——以臺灣為主的討論》，2014.06，頁：28。

[19] 有關太歲肉之記載，可參閱：〔唐〕戴孚（?~?）撰之《廣異記》，收錄於：《中國文言小說百部經典》，北京：北京出版社，2000.03，頁：2169。或段成式（803?~863）撰之《酉陽雜俎》，新北：源流文化事業有限公司，1983.09，頁：214。

之後漸趨沒落。此非本文之討論範圍，於此不多作討論。

　　清時王引之（1766～1832）曾考據過古人所言之「太歲」，[20]有多種稱呼，諸如：「太（大）歲」、「太陰」、「歲陰」、「天一」、[21]「攝提」、[22]「青（蒼）龍」[23]等六個不同之稱呼皆為指稱「太歲」，此造成了後世很大的困擾與誤會。（本文按：有時僅提一「歲」字也可能代表著「太歲」一詞。）此六、七種名稱來指稱太歲之亂象，直到後漢以後才逐漸有了共識、逐漸統一起來，以「太歲」來作為通稱。[24]

---

[20] 參見：清‧王引之撰，《經義述聞》第二十九〈太歲考〉第一論太歲之名有六，異而實同。南京：江蘇古籍出版社，1985.07，頁：683-725。

[21] 「天一」、「太（泰）一」、「大一」在古文獻中，往往有混用、互用之情形。

[22] 「攝提」實際上是「太歲」紀年法中十二格座標之一；《爾雅》〈釋天〉：「大歲在寅曰攝提格，在卯曰單閼，在辰曰執徐，在巳曰大荒落，在午曰敦牂，在未曰協洽，在申曰涒灘，在酉曰作噩，在戌曰閹茂，在亥曰大淵獻，在子曰困敦，在丑曰赤奮若。」參見：《爾雅》〈釋天〉，台北：台灣古籍出版有限公司，2002.01，頁：187。

[23] 參見：《淮南子》〈天文訓〉：「東方，木也，其帝太皞，其佐句芒，執規而治春；其神為歲星，其獸蒼龍，其音角，其日甲乙。」，台北：世界書局1958.05，頁：37。

[24] 參見：陳峻誌碩論，《太歲信仰研究》，2007.06，頁：19。

第二節　古人之宇宙觀

　　古人之宇宙觀，來自於仰觀天象、星宿，將天體之空間
方位化、將流轉之時間序列化，再將兩者貫串起來，於是星
辰之運行、時日之流轉就與人們之生命、氣運、身體之健康
相互感應、連結起來，構成了一系統性之宇宙觀——所謂之
天人感應是也。

　　星宿主要是以恆星北極星為中心，以北斗七星之杓柄為
指針，杓柄（瑤光星——破軍）旋轉一周天為十二年，因此
將天際分成十二格稱為「十二次」，一年行走一次（格），
十二年剛好走完一周天。因為是以北斗星宿之旋轉、行走為
指標，故北斗星宿成為古人重要之信仰中心，古人以「南斗
注生，北斗注死」[25]，生者非我所能控制，而死則可以藉由
種種之養生方法、或透過祈求北斗星宿來延生，甚至以為可
以求得長生不死，因此就產生了祭拜北斗星宿之習俗。

　　然而除了南、北斗星宿之外，古人將日、月及肉眼能
看到的五大行星（五曜）：水、金、火、木、土，[26]合稱為

---

[25]　「東斗主算，西斗記名，北斗落死，南斗上生，中斗大魁，巍然至
　　尊」，參見：《正統道藏・洞神部・本文類・傷字號》，第十九
　　冊，台北：新文豐出版股份有限公司，1995.04，頁：21。
[26]　五星各有名稱分別為：

七曜，[27]其中以木星行走一周天約為十二年，正巧與北斗行走之「十二次」相應，因之以木星為「歲星」，並以之用來紀年，十二年一輪，亦即把天際分成十二辰：子、丑、寅、卯、辰、巳、午、未、申、酉、戌、亥，此十二辰，圓形排列起來，把地分成北東南西四個方位，相互對應（見圖3），此十二辰後來又被稱為十二地支。然而不管是以「十二次」或是以「十二辰」或「十二地支」來紀年，在人類之悠悠歷史裡，實在是太短促了，不方便使用，因之古人便結合了十天干：甲、乙、丙、丁、戊、己、庚、辛、壬、癸。相互配合，構成了六十干支：甲子、乙丑、丙寅……癸亥等六十個干支配對。[28]如此一個循環有六十年，正好與古

水星——「辰星」，水德真君，名啟喧，字積原，屬北方，其色為黑；

金星——「太白」，金德真君，姓皓空，名德標，屬西方，其色為白；

火星——「熒惑」，火德真君，姓皓空，諱維淳、字散融，屬南方，其色為赤（紅）；

木星——「歲星」，木德真君，名澄瀾、字清凝，屬東方，其色為青（藍）；

土星——「鎮星」（或言「填星」），土德真君，名藏睦，字耽延，屬中央，其色為黃。參見：《雲笈七籤》卷二十四〈日月星辰部二〉〈總說星〉，北京：中華書局，2003.12，頁：548-549。

[27] 受到了佛教東傳入華之後地影響，增加了羅睺（虛擬地蝕星）、計都（彗星）二星合稱為九曜，到了唐宋之時，道教轉盛興起後，又增加了二個虛擬之星紫炁、月孛（黑月、月背）共稱十一曜。

[28] 十與十二之最小公倍數為六十，故六十年一輪回即「一甲子」。。

圖3：十二辰、十二次、二十八星宿對應圖。引自：陳峻誌碩論，《太歲信仰研究》，2007，頁：11。

人大約的壽數相當，用來紀年十分方便。

除了七曜行星之外，還有滿天之星宿，在這滿天星星之中，古星象家們把較容易以肉眼來觀察的二十八顆星，按照東南西北四個方位，分成四群星宿群——稱之為四靈：

北方（玄武）：斗、牛、女、虛、危、室、壁；

東方（青龍）：角、亢、氐、房、心、尾、箕；

南方（朱雀）：井、鬼、柳、星、張、翼、軫。

　　西方（白虎）：奎、婁、胃、昴、畢、觜、參；

　　總稱為二十八星宿，此二十八星宿亦為古星相中之重要星宿群，須按時加以祭祀。

　　此圖為人站在地上面向北仰觀，以北極星為圓心，最外圈為二十八星宿，逆時針、左旋依次為：玄枵、娵訾、降婁、大梁、實沈、鶉首、鶉火、鶉尾、壽星、大火、析木、星紀；再內圈為十二辰（即十二地支），順時針、右旋依次為：子、丑、寅、卯、辰、巳、午、未、申、酉、戌、亥——相對應為十二生肖：鼠、牛、虎、兔、龍、蛇、馬、羊、猴、雞、狗、豬，最中心為北斗七星，呈現出杓子形，以杓斗（曰：魁）頂端天樞星——貪狼為軸心，杓柄（曰：標）瑤光星——破軍為指標旋轉，一年行走一次／格，旋轉一周天，合計為十二年。

　　在這些星宿中，以北斗星宿最為重要，道家把北斗星宿分別命名為：貪狼、巨門，祿存、文曲，廉貞、武曲、破軍，[29]稱為七政。再加上勾陳天皇、北極紫微共稱為（北斗）九皇。不僅要按時祭拜，在時運乖舛、不順遂之時，更需拜斗祈求、祭改命運。

　　後漢時張道陵（34～156），大力提倡五斗經，在《北

---

[29] 在近斗柄尾端之上下方，另分別有二顆不明顯之隱星，稱為左輔（或外輔）「洞明」、右弼（或內弼）「隱光（亦有作隱元）」二星，共稱為北斗九星。

斗經》中，並將世人依出生時所值之十二地支（十二生
肖），分別繫屬北斗七星君，以北斗七星君為我們的本命星
君，其繫屬法依次為：

子年生者（肖鼠）本命星君為貪狼；

丑、亥年生者（肖牛、豬）本命星君為巨門；

寅、戌年生者（肖虎、狗）本命星君為祿存；

卯、酉年生者（肖兔、雞）本命星君為文曲；

辰、申年生者（肖龍、猴）本命星君為廉貞；

巳、未年生者（肖蛇、羊）本命星君為武曲；

午年生者（肖馬）本命星君為破軍。[30]

但是如此之繫屬法，非一對一線性之對應法，應用上並不是
那麼方便，因之大約在南北朝時代，人們便直接以十二生肖
對應十二地支來應用。

再回頭來談，歲星（土星）、太歲與天干、地支之關
係，如下圖（圖4）：

虛擬的太歲與土星（歲星）行進方向相反，但與日、月行進
方向相同，亦即與天干、地支流轉方向相同，與我們之本命

---

[30] 參見：蕭登福，〈試論北斗九皇、斗姆與摩利支天之關係〉，《國
立台中技術學院人文社會學報》第三期，頁：5，台中市：國立台
中技術學院，2004.12。

圖4：天干、地支與歲星、太歲關係圖。（本文作者自繪）

生肖之搭配亦為順向，十二年一輪，五輪共計一干支（稱為「一甲子」計六十年），運用上非常方便，也就因此而流傳了下來至今。

　　同時，古人以出生之年的干支，為他的「本命年」，例如今年為「辛丑」年（按：生肖屬牛），於今年出生之人，他的「本命年」為「辛丑年」，六十年後（2081年）又會值遇到他的「本命年」，稱為「正值」（亦有曰「正沖」）。

　　另，古人對於人之生辰紀年，另有一套計數法，即

是以「生肖」動物來計數，十二生肖（鼠、牛、虎、兔、龍、蛇、馬、羊、猴、雞、狗、豬），相對應十二辰（即十二地支：子、丑、寅、卯、辰、巳、午、未、申、酉、戌、亥）。[31]每十二年一輪回（台灣人稱為一「齒年」），五次輪回正好「一甲子」，除了「正值」之外，每次（每十二年）值遇相同生肖之年，稱為「偏值」（亦有曰「偏沖」）。

六十干支計數法，古人不僅用來計年，亦用來計日，六十日一循環，周而復始，一年共計循環六次。與「本命年」對應之干支所值之日，稱為「本命日」，例如於今年出生之人，他的「本命日」為「辛丑」日，如此計算，一個人每年會有值遇六次之「本命日」，至於「本命日」會有何沖、克，為命相學之範圍，各家有各家之說法，非本文討論之範圍。

第三節　從歲星到太歲之演化

　　上文中談到古人以虛擬之太歲，來替代有「超辰」現象及有正行、逆行錯覺之歲星（木星），用於紀年，之後並發展成星相學，那太歲到底是吉神（星）？或凶神（星）？

　　伴隨著星宿之崇拜，歲星也成為古人所崇奉之星宿神之一，早期如唐代瞿曇悉達（？～？）編之《開元占經》上記載之：甘氏曰：「邦將有福，歲星留居之。」、[32]《荊州占》曰：「歲星所居之宿，其國樂，所去宿，其國沈。」、[33]《荊州占》又曰：「歲星所留之舍，其國五穀成熟。」、[34]石氏曰：「歲星，君之象也。」、[35]《石氏占》曰：「歲星象主，色欲明潤。」、[36]《淮南子》〈天文訓〉亦云：「歲星之所居，五穀豐昌，其對為沖，歲乃有殃。」、[37]《史記》〈天官書〉也云：「歲星所在，五穀逢

---

[32] 參見：〔唐〕瞿曇悉達編，《開元占經》卷二十三，北京：中央編譯出版社，2006.09，頁：164。

[33] 同上。

[34] 同上。

[35] 同上。

[36] 同上。

[37] 參見：〔前漢〕淮南王劉安（179BC~122BC）及其幕僚所撰之《淮南子》卷三〈天文訓〉，台北：世界書局，1958.05，頁：50。

昌，其對為沖，歲乃有殃。」[38]等等，多有言歲星為吉星、為吉祥之神。

又因為歲星在五曜（七曜、九曜、乃至於十一曜）中，屬於木星，在五行上屬「木」，所有之草木、農作物之生長，皆與之有關，所以上述之古人所言，皆以歲星所在，五穀豐登、居之有福。後漢王充（27～97?）在其《論衡》〈祭意〉：「歲星、東方也，東方主春，春主生物，故祭歲星，求春之福也。四時皆有力於物，獨求春者，重本尊始也。」[39]

又一些古籍上另有云：石氏曰：「歲星所在之國，不可伐，可以伐人。」、[40]《荊州占》又曰：「歲星居次順常，其國不可以加兵，可以伐無道之國，伐之必克。」、[41]《漢書》〈天文志〉云：「歲星曰東方春木，於人五常仁也，五事貌也。仁虧貌失，逆春令，傷木氣，罰見歲星。歲星所在，國不可伐，可以伐人。」[42]由上述之引文可以知之，歲

---

[38] 參見：《史記》〈天官書〉，台北：臺灣商務印書館股份有限公司，1981.01，頁：416。

[39] 參見：《論衡》卷下〈祭意〉，台北：宏業書局有限公司，1983.04，頁：111。

[40] 參見：〔唐〕瞿曇悉達編，《開元占經》卷二十三，北京：中央編譯出版社，2006.09，頁：164。

[41] 同上。

[42] 參見：《漢書》〈天文志〉，台北：臺灣商務印書館股份有限公司，1981.01，頁：300。

星在政治、軍事上亦屬吉星、吉神。

太歲之信仰，古籍上有下述之記載：《荀子》〈儒效篇〉云：「武王之誅紂也，行之日以兵忌，東面而迎太歲，至汜而汎，至懷而壞，至共頭而山隧。」、[43]《尸子》〈佚文〉：「武王伐紂，魚辛諫曰：『歲在北方，不北征。』武王不從。」[44]在此我們姑且不去論武王從不從、對不對？[45]當時人之觀念為：「迎、向太歲所在之方，為凶、不利。」另，此二敘述，一言東面、一言北面，其實並不矛盾，蓋殷商之都城為朝歌，周武王與商紂王決戰於朝歌之郊牧野，約當於今之河南省新鄉市，它位於東經113.90北緯35.30度，而武王之封地在歧山，約當於今之陝西省寶雞市之歧山縣，位於東經107.63北緯34.32度；殷師處於周師之東北方，因此不管是謂北方或謂東方皆沒錯。

又王充在其《論衡》〈難歲〉中亦曰：「〈移徙法〉曰：『徙抵太歲，凶；負太歲，亦凶。抵太歲名曰歲下，負太歲名曰歲破，故皆凶也。』」[46]據此，我們可以推知在後

43　參見：《荀子》〈儒效篇〉，北京：中國長安出版社，2009.05，頁：71。

44　參見：《尸子》〈佚文〉，台北：三民書局股份有限公司，1997.01，頁：204。

45　參見：《荀子》〈儒效篇〉：「……（武王）鼓之而紂卒易鄉，遂乘殷人而誅紂。蓋殺者非周人，因殷人也。故無首虜之獲，無蹈難之賞。」，北京：中國長安出版社，2009.05，頁：71。

46　參見：《論衡》卷下〈難歲〉，台北：宏業書局有限公司，

漢之前，雖然古人由「歲星」而衍生出「太歲」，然而「歲星」是吉祥的，屬於吉星、吉神；而「太歲」則是凶煞的，是凶星、凶神。「歲星」與「太歲」是二，非一也。

在兩漢時，「歲星」與「太歲」雖然是二，然因「太歲」是由「歲星」衍生而出的，二者之關係密切，密不可分；又因華文好省，經常以一「歲」字，來替代「歲星」或「太歲」，故兩者經常被混淆在一起，在古文獻之記載中，多有二者混淆、或難以區分之例子。所以在後世有些文獻中，言：「太歲，統吉凶之神，於帙端令人知一歲之向背也。」[47]把太歲與歲星合而為一，統稱之為「太歲」。

到了魏晉南北朝之後，「太歲」更是全面的被數術[48]所吸收，與「歲星」之星宿信仰，幾乎混而為一。陳峻誌在其碩論《太歲信仰研究》中，歸納出其原因為：「北斗與太歲聯結」、「本命年和太歲年之交疊」[49]蓋因為北斗七星（若加上內輔、外弼則言九星）自古就在星象學之中據極重要之地位，北斗之杓柄——標一年行走一次（格），十二年剛好

1983.04，頁：100。

[47] 參見：〔元〕蘇天爵編，《元文類》卷三十三，台北：世界書局，1989.04，頁：344。

[48] 數術為古人根據自然現象，例如星象、五行等出現之特徵，據以用來作為占卜吉凶、命相禍福之數的一些方術，有些文本亦稱為術數。

[49] 參見：陳峻誌碩論，《太歲信仰研究》，2007.06，頁：112-118。

走完一周天，正好與「太歲」之行走時程一致；因北斗是肉眼可見的，而「太歲」是虛擬的、看不見的，因此常常以北斗星宿之旋轉、行走為時間、年歲之指標。

　　北斗星宿與太歲之間的關係，〔清〕蔣湘南（1795～1854）在《七經樓文鈔》〈太歲釋壽〉中云：

> 「太歲者，北斗之神也，北斗之神本名太一，其所向之方，即斗柄所指之辰。斗柄所指之辰，應歲星與太陽同次之舍。太一不可見，而歲星可見，推步家因以候歲星之法候太一；遂取太一、歲星合而名之曰太歲。不然，歲星跳辰，何以太歲亦隨之而跳哉？」[50]

彼言北斗之神[51]即太一、太歲，而太一（指太歲）不可見，而歲星（木星）可見，故取太一和歲星二名詞合而為一，名之曰「太歲」。由上之言論中，可以窺知，古人將北斗星宿之崇拜與歲星、太歲之信仰之混淆、和混合為一的情況。

　　在魏晉南北朝時，佛道之爭，十分激烈，道教之信仰亦因此佛道之競爭而逐漸產生體系化，「太歲」雖然在先秦時

---

[50]　參見：〔清〕蔣湘南在《七經樓文鈔》〈太歲釋義〉，鄭州：中州古籍出版社，1991.02，頁：107。

[51]　若以群星結為星宿，古人是以「星群」設為星宿之神，非以單一星座為星神。

代，被用來取代歲星作為數術、命相之用，但到了此時，被賦予了神性、被視為神靈，取代了歲星，在道教體系中留傳了下來，歲星反而逐漸的淡出了數術體系了。

另有關「本命年和太歲年之交疊」，前文已述及「本命年」就是人出生之年所屬之干支，六十年才輪一次，一個人一生可能僅僅碰到過一次，古人壽短，甚至於可能終其生都碰不到，因此，便以十二地支為一小輪，即十二歲（年）一輪，[52]凡地支相同之年，即可謂之「（小）本命年」；又因為十二生肖恰好可以和十二地支相配，所以就把「本命年」之信仰結合到十二生肖上，[53]如此更通俗、更易於記憶及通行。也因此而使得「太歲年」與「生肖年」、「本命年」交疊起來，合而為一流傳了下來。

---

[52] 參見：《周禮》〈春官宗伯〉：「馮相氏掌十有二歲」，參見：〔漢〕鄭玄注，〔唐〕賈公彥疏：《周禮注疏》，台北，台灣古籍出版有限公司，2001.10，頁：823。

[53] 參見：王子今，《睡地虎秦簡〈日書〉甲種疏證》頁：459。在先秦之〈日書〉簡中，以出現十二地支與十二生肖之搭配：子─鼠、丑─牛、寅─虎、卯─兔、辰─□、巳─虫、午─鹿、未─馬、申─環、酉─水、戌─老羊、亥─豕之記載。轉引自：陳峻誌碩論，《太歲信仰研究》，2007.06，頁：117註110。

第二章

太歲信仰之演化

　　太歲之信仰來自於吾人面對於不可知之浩瀚天體及無法預料之宇宙現象的一種敬畏之心、祈求之心。然而並非一開始就有太歲的信仰，如前文所言，太歲是一虛擬之星宿，是針對會有超辰現象並有前行及逆行現象之歲星，作修正而虛擬出來的，它原先是被用來作紀時、紀年之用，歷經商、周、秦、漢，逐漸的演變而形成的信仰，一個具有神力之星宿神靈的信仰，南北朝之後，又由單一之星宿神靈，與十二生肖連結而成十二星宿神，經唐、宋又被道家們轉化成六十元辰神，明、清之際又再度轉化，形成了六十太歲大將軍。以下本文將細述其演化之過程。

第一節　唐宋太歲信仰之轉化

　　在前文中曾述及，《周禮》卷二十六〈保章氏〉鄭
玄注、賈公彥疏曰：「在地之太歲」、「歲星為陽，右行
於天；太歲為陰，左行於地，十二歲而小周。」此中言及
「在地之太歲」、「左行於地」，此二句話，將太歲與土
地做了聯繫。六朝（按：魏晉南北朝）而後安宅動土的道
經中，常把太歲視為宅土之神，如〈太上老君說安宅八陽
經〉說：

> 「起造宅舍，驚動龍神，屋宇鳴喚，地華土裂，南堂
> 北屋，東廊門戶、井竈碓磨、庫藏船車、寓止六畜欄
> 圈、莊舍寺院，但是屋宇房廊窟穴，觸犯天煞地煞、
> 年煞月煞日煞時煞，四方諸煞，五方地祇，青龍、白
> 虎、朱雀、玄武、將軍、『太歲』、黃旛、豹尾、
> 十二時神、六甲禁忌，土公土母、土府伏龍，一切惡
> 煞。宜轉此經禳謝，所犯神煞悉皆隱藏，遠送四方，
> 各鎮方隅，不敢危害。」、[54]

---

[54] 參見：〈太上老君說安宅八陽經〉，撰者不詳，出於北宋初年。一
卷，收錄入《正統藏道・洞神部・本文類・傷字號》，第十九冊，
台北：新文豐出版股份有限公司，1995.04，頁：47。

〈太上老君說補謝八陽經〉[55]亦有類似之經文。[56]

太歲，到了南宋，更進而取代青龍神，成為宅第主神。南宋孝宗朝呂元素《道門定制·卷三·黃籙羅天一千二百分聖位》「第九十五狀」有「當處城隍主者、住宅歲德尊神」，說明土地神除城隍、社令外，更有宅中歲德之神，此歲德尊神，即是太歲。[57]

　　太歲除了是土地之神、宅神外，到了唐、宋之時，太歲又轉而被盛傳為「地中太歲」、「地下太歲」、「太歲肉」，被小說家描述當人們在挖地、建築之時，可能會挖出了成團之「太歲肉」（實際上可能為肉靈芝或是菌類植物），在民間廣為流傳。可見之於唐代戴孚（？～？）撰之

55　參見：〈太上老君說補謝八陽經〉，撰者不詳，出於唐宋之際。一卷，收錄入《正統藏道·洞神部·本文類·傷字號》，第十九冊，台北：新文豐出版股份有限公司，1995.04，頁：48。

56　參見：蕭登福，《太歲元辰與南北斗星神信仰》下，台北市：新文豐出版股份有限公司，2017.07，頁：507-508。

57　參見：蕭登福，《太歲元辰與南北斗星神信仰》下，台北市：新文豐出版股份有限公司，2017.07，頁：508-509。

《廣異記》卷六〈晁良貞〉、[58]或段成式[59]撰之《酉陽雜俎續集》卷二〈支諾皋〉中，[60]及南宋時郭彖（1163？～1189？）撰之《睽車志》〈王日章承務說〉[61]等等，多有記載有關地下挖出「太歲肉」之情事。不過，此種「太歲肉」，到了明清之時已不再流傳了。

58　參見：《廣異記》卷六〈晁良貞〉：「晁良貞能判知名，性剛鷙，不懼鬼。每年，恒掘太歲地，堅掘，後忽得一肉，大於食魁。良貞鞭之數百，送通衢。其夜，使人陰影聽之。三更後，車騎眾來至肉所，問太歲：「兄何故受此屈辱，不讎報之？」太歲云：「彼正榮盛，如之奈何？」明失所在。」，收錄於：《中國文言小說百部經典》，北京：北京出版社，2000.03，頁：2169。

59　參見：法鼓人名規範資料庫：段成式（803~863），唐代著名志怪小說家，著有《酉陽雜俎》。其父段文昌，曾任宰相，封鄒平郡公，工詩，有文名。段成式青年時期英俊瀟灑，彬彬有禮，活潑好動。年輕時隨父親轉徒各地，瞭解各地風土人情、軼聞趣事，開拓了生活視野，加之他精研苦學，博覽群書。後「累官邊尚書郎」，又出任江州刺史，至「大中中歸京，仕至太常少卿」。

60　參見：《酉陽雜俎續集》卷二〈支諾皋〉中：「……萊州即墨縣有百姓王豐兄弟二人，豐不信方位所忌，嘗於太歲土掘坑，見一肉塊，大如斗，蠕蠕而動，遂填。其肉隨填而出，豐懼，棄之，經宿長塞於庭，豐兄弟奴婢數日內悉暴卒，唯一女存焉。」，新北：源流文化事業有限公司，1983.09，頁：214。

61　參見：《睽車志》〈王日章承務說〉：「平江黃埭張虞部家豪於財，第宅甚宏壯，張為人質直，素不信巫怪之說，每有興築，不擇時日。嘗作一亭，掘地得肉塊混然，初無割剝之跡，俗謂太歲神。張不為異，命取瓦盆合而送之水中，竟就基創，且遂名為太歲亭。」，收錄於《文淵閣四庫全書‧子部三五三‧小說家類》，第一○四七冊，臺灣商務印書館，1985.06，頁：233。

圖5：太歲肉。引自：〔每日頭條〕網頁https://www.google.com/search?q=
%E5%A4%AA%E6%AD%B2%E8%82%89&sxsrf=ALeKk01odix4-XGt
YsXcTFo0eulesf2AeQ:1617014183286&source=lnms&tbm=isch&sa=X
&ved=2ahUKEwij-Pafp9XvAhUGiZQKHT3JAeYQ_AUoAXoECAEQAw
&biw=1090&bih=386#imgrc=1lsHAm3TRcf4TM，2021.03.12.擷取。

　　太歲、歲星的祭拜，自先秦時期就有了，不過最早被
祭祀的是「歲星」，前漢時之《淮南子》〈天文訓〉：「何
謂五星？東方，木也，其帝太皞，其佐句芒，執規而治春；
其神為歲星……」[62]把「歲星」當作五星之首來祭祀。到了

62　參見：《淮南子》卷三〈天文訓〉：「何謂五星？東方，木也，其
　　帝太皞，其佐句芒，執規而治春；其神為歲星，其獸蒼龍，其音

後漢王充在其《論衡》〈調時〉中云：「太歲，歲、月之神，用罰為害，動靜殊致，非天從歲、月神意之道也。」、「歲、月之神，歲則太歲也。」、[63]「太歲之神行若文帝出乎？」、「太歲之神審行乎？」、「太歲、天別神也，與青龍無異。」[64]。由上引述之文，可見「歲星」之信仰在兩漢之際，已逐漸演變、分化出「太歲」信仰了。

到了魏晉南北朝之時，太歲信仰又逐漸吸收了本命信仰，其後文獻上出現了二者同時出現之記載，例如：〈太上靈寶玉晨至尊報德酬恩法懺〉有「南辰北斗慈尊……值年太歲至德星君」[65]並列出現，〈太上玄天北極法主蕩魔天尊寶懺〉也有「六十甲子運轉星君……當生本命元辰星君……流

角，其日甲乙。南方，火也，其帝炎帝，其佐朱明，執衡而治夏；其神為熒惑，其獸朱鳥，其音徵，其日丙丁。中央，土也，其帝黃帝，其佐後土，執繩而制四方；其神為鎮星，其獸黃龍，其音宮，其日戊己。西方，金也，其帝少昊，其佐蓐收，執矩而治秋；其神為太白，其獸白虎，其音商，其日庚辛。北方，水也，其帝顓頊，其佐玄冥，執權而治冬；其神為辰星，其獸玄武，其音羽，其日壬癸。」，台北：世界書局，1958.05，頁：37。

[63] 參見：《論衡》卷下〈調時〉，台北：宏業書局有限公司，1983.04，頁：90。

[64] 參見：《論衡》卷下〈難歲〉，台北：宏業書局有限公司，1983.04，頁：100。

[65] 參見：玉府闡教妙達真人孟珙撰，廣化弟子惠覺校訂，〈太上靈寶玉晨至尊報德酬恩法懺〉，收錄於《道藏輯要》，《懺法大觀》，第二十一冊，台北：考正出版社，1971.07，頁：9237。

年太歲至德星君」[66]合寫的紀錄，最後終於產生了六十甲子共六十位太歲元辰神的壯大陣容。[67]

這些太歲諸神名號，直到隋、唐之時才出現在文獻上，首先見到的是：《六十甲子本命元辰曆》[68]，此曆雖無作者，然《道藏提要》認為此曆與《隋書》〈經籍志〉的《元辰曆》有關，陳峻誌推測此曆之撰寫，不晚於初唐。[69]另外唐代王仲丘撰之《攝生纂錄》[70]中亦言及六十甲子神之名

---

[66] 參見：開玄闡秘宏教真君柳守元撰，廣化弟子惠覺校訂，〈太上玄天北極法主蕩魔天尊寶懺〉，收錄於《道藏輯要》，《懺法大觀》，第二十一冊，台北：考正出版社，1971.07，頁：9364。

[67] 參見：陳峻誌碩論，《太歲信仰研究》，2007.06，頁：25。

[68] 《六十甲子本命元辰曆》，撰述人不詳，收錄於《正統道藏‧正乙部‧階字號》；敘述了六十甲子神名諱、從官人數、所屬北斗七星之本命星君，並列出男、女性人士所需陪/配祀之元辰星君及其從官人數。例如：「甲子本命王文卿，從官十八人；貪狼星元辰；乙未杜仲陽，從官十六人；女，癸巳史公來，從官九人。」；「乙丑本命龍季卿，從官十六人；臣門星元辰；甲午衛上卿，從官十八人；女，丙申朱伯眾，從官十四人。」……（按：例如甲子年出生者，除了需祭祀甲子本命神王文卿外，男性還需配祀乙未元辰神杜仲陽，女性則需配祀癸巳元辰神史公來；若祭祀北斗星宿則需祭拜貪狼星元辰星宿神。）參見：《正統道藏‧正乙部‧階字號》，第五十五冊，台北：新文豐出版股份有限公司，1995.04，頁：267-270。

[69] 參見：陳峻誌碩論，《太歲信仰研究》，2007.06，頁：25。

[70] 參見：〔唐〕王仲丘（？～？，開元中歷任左補闕內供奉）撰，《攝生纂錄》，收錄於《正統道藏‧洞玄部‧眾術類》，第十八冊，台北：新文豐出版股份有限公司，199 5.04，頁：70-83。

號。由上之論述可見太歲信仰到了隋唐之時，已經與本命元
辰信仰合而為一，且已經發展出六十甲子本命元辰神之個別
名號出來了，然而此時還未被稱為六十（甲子）太歲，而是
稱為六十（甲子）元辰。

　　同時在盛、中唐之時，也確立了「太歲以下諸神」之數
術體系，此體系計有：太歲、歲破、大將軍、太陰、歲刑、
歲煞、黃旛及豹尾八個神煞。及至五代、北宋太宗太平興國
之時，則擴增至三十九種「太歲以下諸神」。[71]宋代是一個
關鍵的時代，許多當代太歲信仰的細項都是在宋代完成了初
步的體系；另一方面太歲信仰也是在宋代發生了遠勝於前代
的多元蓬勃發展。[72]

　　例如：地司太歲神殷郊（參見：圖6）之出現，在南宋
時，被《北帝地司殷元帥祕法》等道書提出，後世之小說家
亦有多書提及。地司太歲神殷元帥殷郊，為中國最早之擬人
化太歲神；《北帝地司殷元帥祕法》中稱殷郊為「上清北帝
地司太歲大威德神王至德主帥殷元帥」、[73]《封神演義》中

---

[71] 參見：陳峻誌博論，《太歲的信仰溯源與祭祀空間——以臺灣為主
　　的討論》，頁：34。

[72] 參見：陳峻誌博論，《太歲的信仰溯源與祭祀空間——以臺灣為主
　　的討論》，頁：8。

[73] 參見：《正統道藏‧正乙部‧宮字號‧道法會元》卷二四七，
　　第五十一冊，台北：新文豐出版股份有限公司，1995.04，頁：
　　419。

太歲

圖6：地司太歲神殷元帥殷郊。引自：《繪圖三教源流搜神大全》，台北：
　　　聯經出版事業有限公司，1980.08，頁：234。

亦有：「特敕封爾殷郊為值年歲君太歲之神，坐守週年，管當年之休咎。爾楊任為甲子太歲之神，事領爾部下，日值正神，循週天星宿度數，察人間過往愆由。」[74]殷郊為太歲頭目，統領六十甲子太歲，楊任[75]為六十甲子太歲之一，事領「太歲以下諸神」。

北宋仁宗至和元年（1054）興建福康公主之宅時，歐陽修（1007～1072）奉敕撰寫〈福康公主宅修築地基祭告太歲以下祝文〉[76]，並由仁宗皇帝遣使「致祭於太歲、土地諸神」。《全宋文》中尚有韓維（1017～1098）的〈集禧觀修建太一殿開掘修築地基祭告太歲以下諸神祭文〉、王安石（1021～1086）之〈景靈宮修蓋英宗皇帝神禦殿上樑祭告太

---

[74] 參見：〔明〕許仲琳《封神演義》九十九回〈姜子牙歸國封神〉，台北：風雲時代出版社，1987.07，頁：228-229。

[75] 在爾後之有關六十甲子太歲之文獻中，並無楊任之名，但其形貌與後世之甲子太歲金辨一樣，雙眼長出雙手，不知是否年代久遠而致訛傳？據《封神演義》十八回云：紂王欲為妲己營造鹿臺，上大夫楊任諫之，紂王不從並將其剜去二目，青峰山紫陽洞清虛道德真君感知，而將楊任救走，並將二粒仙丹放入楊任被剜去雙目之眼眶裏。真人用先天真氣吹在楊任面上，喝聲：「楊任不起，更待何時！」真是仙家妙術，起死回生。只見楊任眼眶裏長出兩隻手來，手心裏生兩只眼睛─此眼上看天庭、下觀地穴、中識人間萬事。

[76] 參見：歐陽修，《歐陽修全集》卷八十二：「維至和元年歲次甲午十月辛卯朔七日丁酉，皇帝遣宮苑使、榮州防禦使、內侍省內侍右班副都知任守忠，致祭於『太歲』、土地諸神。《禮》崇下嫁，《詩》美宜家。惟築館之有初，方涓辰而協吉。冀百靈之來護，期不日以斯成。尚饗！」，北京：中華書局，2001.03，頁：1195。

歲以下諸神祝文〉等等十多篇祝禱之文，這些青詞[77]多成於
北宋真宗（在位997～1022）至宋哲宗（在位1085～1100）
年間。[78]

　　另有關太歲神像之塑造年代，於北宋神宗（1048～
1085）熙寧四年（1071）修建太一宮時，宮中有一殿，名曰
「靈貺殿」，殿中太歲在中、太陰在西，俱南向。[79]另章惇
（1035～1105）之〈中太一宮太一併歲德神像塑造了畢就
西太一宮開啟開光明道場〉青詞中，推知當時在塑造太一
神像時，同時一併塑造了歲德神像——太歲神像。此應為
官方文獻中之最早祭祀、塑造太歲神像之記載。到了徽宗
（1082～1135）時，則有了官方正式於太一宮中設立「太歲
殿」之記載。[80]

　　又南宋高宗紹興年間（1131～1162）在武林（今之杭
州）吳山的渾天儀臺邊建有「十一曜太歲堂」、[81]金朝章

77　參見：〔唐〕李肇（？～？，仕於元和年間）撰，《翰林志》：
　　「凡太清宮道觀薦告詞文，用青藤紙朱字，謂之青詞。」收錄於明
　　刊本《歷代小史》之十二卷，台北：臺灣商務印書館股份有限公
　　司，1969.03，頁：2。

78　參見：陳峻誌博論，《太歲的信仰溯源與祭祀空間——以臺灣為主
　　的討論》，頁：36-37。

79　參見：鄭居中（1059~1123）編纂，《政和五禮新儀》卷二，頁：
　　9。台北：商務印書館，1986，王雲五主編，《四庫全書》，六。

80　參見：陳峻誌博論，《太歲的信仰溯源與祭祀空間——以臺灣為主
　　的討論》，頁：39。

81　參見：〔清〕丁丙：《武林坊巷志　第二冊》引史繼宸《至德觀

宗（1168～1208）明昌元年（1190）在中都（今之北京）之
「十方大天長觀」內西側增建了「瑞聖殿」[82]用來祭祀太后
本命元辰神——丁卯元辰神像，[83]而以其餘之五十九位元辰
神像陪祀，共六十元辰神像。此為太歲神像及六十元辰神像
塑造之最早的文獻記載。

　　記》（杭州：浙江人民出版社，1986），頁461。轉引自：陳峻誌
　　碩論，《太歲信仰研究》，2007.06，頁：119。

[82] 位於北京西便門外之白雲觀，始建於唐開元十年（772），為李唐
　　祭祀老子之道觀，原名「天長觀」，金海陵王正隆五年（1160）
　　北方契丹族南侵，毀於兵火，金世宗大定七年（1167）敕命
　　重建，歷時六年而成，改名為「十方大天長觀」，金泰和三年
　　（1203）改名為「太極宮」。元太祖晚年，命長春真人丘處機駐
　　錫於太極宮，掌管天下道教，因此改名為「長春宮」，並成為北方
　　道教中心，丘真人羽化後，起造丘祖殿及大加擴建，並改名為「白
　　雲觀」迄今，為道教全真派三大祖庭之一（另二處祖庭為：陝西終
　　南山重陽宮、山西芮縣永樂宮）。參見：冀寧道人　郭瑞雲撰〈道
　　教六十星宿神像與十二生肖圖〉，中華民國道教會台灣省台南市
　　支會印，1990。及董中基、張繼禹撰，《道教全真祖庭北京白雲
　　觀》。

[83] 據傳金章宗母親，太后徒單夫人（1147~1191），久病醫無效，
　　金章宗於十方大天長觀內西側增建「瑞聖殿」，用來祭祀太后本命
　　元辰神——丁卯元辰，不久即不藥而痊癒。參見：〔南宋〕朱瀾
　　（1129~?）撰之〈十方大天長觀普天大醮瑞應記〉，收錄於《正
　　統道藏‧洞神部‧記傳類》《宮觀碑記》，第三十三冊，台北：新
　　文豐出版股份有限公司，1995.04，頁：112-113。

第二節　六十元辰與六十太歲

　　至於六十元辰與六十太歲，一不一樣？不一樣，又是如何區分？如前文所述，我國自殷商以來，就以天干、地支來紀年、紀日，十天干配以十二地支組合成六十甲子，此可見於殷商時期之甲骨文中。主宰此六十甲子年之神祇，稱為六十元辰神，這六十位神祇，按所值之歲輪值，每歲由一位元辰神，司掌人間之禍、福、休、咎。世人則依其出生之年所屬之六十甲子之元辰神為其人之本命元辰神，例如：甲子年出生者，則其本命元辰神為甲子元辰神、乙丑年出生者，則其本命元辰神為乙丑元辰神、依此類推；凡生平中其所遇之吉、凶、禍、福，皆由此本命元辰神所主宰，因此須加以祈禳、祭拜。

　　六十甲子神之名號最早見於〔唐〕王仲丘撰之《攝生纂錄》中；另又在《六十甲子本命元辰曆》、《正一法文十籙召儀》〈六甲六十真諱訣〉、[84]《元辰章醮立成曆》卷

---

[84]　〈六甲六十真諱訣〉，撰述人不詳，收錄於《正統道藏・正乙部・逐字號》；將六十甲子神，依位階、男女分成十二真父母、二十四神人、二十四賢者；除了敘述六十甲子神名諱、身長（僅數寸而已，非真人之身）、顏色、從官人數並述及在身體中所治之相關部位、所居之鄉里；據道教學者蕭天福所述，此屬於漢魏南北朝時，道教正一派房中術觀想之訣所用（參見：蕭登福，

下[85]中均有詳細的六十甲子元辰神之記載，惟各文獻所載之
名諱，可能有少數幾個有所不同，此可能出自於字型相似
刻版工之誤雕、或字音接近師徒訛傳所致。六十甲子元辰
神之名諱如下表（按：本表以《六十甲子本命元辰曆》所
列為主）：

《太歲元辰與南北斗星神信仰》下，頁：404。）。例如：「甲
子王文卿，師父康，長九寸，黑色，神明君姓贏名鏡，字昌明，
從官十八人，治在腎，絳宮鄉中元里。」；「甲辰孟非卿，天
父杵，長五寸，黃色，神明君姓贏名賁字初元，從官十四人，
治在脾宮，雲降鄉，炎昊里。」……參見：《正統道藏‧正乙
部‧逐字號》，第四十八冊，台北：新文豐出版股份有限公司，
1995.04，頁：193-199。

85 《元辰章醮立成曆》卷下，撰述人不詳，收錄於《正統道藏‧正乙
部‧階字號》；屬於醮儀之類，在元辰神之記述上，較為簡略，僅
述及名諱及從官人數，例如：「甲子王文卿從官十八人」；「乙
丑龍季卿從官十六人」……參見：《正統道藏‧正乙部‧階字
號》，第五十五冊，台北：新文豐出版股份有限公司，1995.04，
頁：260-261。

甲子本命神 王文卿	乙丑本命神 龍季卿	丙寅本命神 張仲卿	丁卯本命神 司馬卿	戊辰本命神 季楚卿
己巳本命神 何文昌	庚午本命神 馮仲卿	辛未本命神 王文章	壬申本命神 侯博卿	癸酉本命神 孫仲房
甲戌本命神 展子江	乙亥本命神 龐明心	丙子本命神 邢孫卿	丁丑本命神 趙子玉	戊寅本命神 虞子張
己卯本命神 石文陽	庚辰本命神 尹佳卿	辛巳本命神 陽仲昇	壬午本命神 馬子明	癸未本命神 呂威明
甲申本命神 扈文長	乙酉本命神 孔利公	丙戌本命神 車元昇	丁亥本命神 張文通	戊子本命神 樂石陽
己丑本命神 范仲卿	庚寅本命神 褚進卿	辛卯本命神 郭子良	壬辰本命神 武稚卿	癸巳本命神 史公來
甲午本命神 衛上卿	乙未本命神 杜仲陽	丙申本命神 朱伯眾	丁酉本命神 臧文公	戊戌本命神 范少卿
己亥本命神 鄧都卿	庚子本命神 陽仲叔	辛丑本命神 林衛卿	壬寅本命神 丘孟卿	癸卯本命神 蘇他家
甲辰本命神 孟非卿	乙巳本命神 唐文卿	丙午本命神 魏文公	丁未本命神 石叔通	戊申本命神 范伯陽
己酉本命神 成文長	庚戌本命神 史子仁	辛亥本命神 左子行	壬子本命神 宿上卿	癸丑本命神 江漢卿
甲寅本命神 明文章	乙卯本命神 戴公陽	丙辰本命神 霍叔英	丁巳本命神 崔巨卿	戊午本命神 從元光
己未本命神 時通卿	庚申本命神 華文陽	辛酉本命神 邴元玉	壬戌本命神 樂進卿	癸亥本命神 左石松

表1：六十甲子元辰神之名諱表（以《六十甲子本命元辰曆》所列為主）。
（本文作者自製）

　　另，在漢魏六朝之時，屬於六十甲子元辰之六甲六丁神，[86]其名諱即是六十甲子元辰神中之名諱，沒有不同之名諱、稱呼，也無男（六甲）、女（六丁）神祇之別，但開始把十二生肖與十二時辰神來相配；在《正一法文‧法籙部儀》中載有葛仙翁（葛玄164～244，葛洪之從祖）撰之〈四極明科開度文訣〉載有：

　　「子狩士徐名他二名上，鼠頭人身，㿟衣持鑲，丑狩士秦何，牛頭人身，㿟衣持鑲，寅狩士徐方，虎頭人身，青衣持鏌；卯狩士徐澤，兔頭人身，青衣持鏌，辰狩士徐皇，龍頭人身，青衣持鏌；巳狩士徐千，蛇頭人身，赤衣持戟；午狩士司馬籍，馬頭人身，赤衣持戟；未狩士公孫昔，羊頭人身，赤衣持戟；申狩士石勝，猴頭人身，白衣持弩；酉狩士石衰，雞頭人身，白衣持弩；戌狩士徐阿，狗頭人身，白衣持弩；亥狩士公孫昔，豬頭人身，黑衣持鑲。右十二時狩士真名，服符存呼之，不得傳非其人，秘之慎之。」[87]

---

[86] 六甲即為：甲子、甲戌、甲申、甲午、甲辰、甲寅；六丁則為：丁卯、丁丑、丁亥、丁酉、丁未、丁巳元辰神。

[87] 參見：葛玄撰，〈四極明科開度文訣〉，收錄在《正統道藏‧正乙部‧肆字號》《正一法文法籙部儀》，第五十四冊，台北：新文豐出版股份有限公司，1995.04，頁：319。

　　此時僅將十二生肖與十二時辰神相配而已。到了兩宋之時，道書中把六甲六丁神，和十二生肖神相結合起來，此後六十甲子元辰神就與十二生肖神產生了聯結了。凡是十二地支「子」者屬「鼠」、「丑」者屬「牛」……依此類推，十二年一輪，一甲子共計有五輪之生肖。

　　最早營建皇帝之本命元辰殿的是北宋真宗，天禧五年（1021）於玉清觀之昭應宮的東偏殿興建皇帝本命元辰殿——萬壽殿，其後的皇帝又陸續興建了皇帝本命元辰殿，如：北宋仁宗至和二年（1055）「監修南京鴻慶宮內臣，請於本宮隙地建皇帝本命殿」、北宋英宗治平元年（1064）「修慶寧宮、建本命殿」、北宋徽宗「大觀二年（1108）三月奉旨建元辰殿」，到了南宋高宗時，紹興十七年（1147）在萬壽觀當中設「皇帝本命星君大殿曰純福」[88]……宋代皇帝多熱衷於建其本命元辰殿，為自己祈禳、醮祭；另自南宋高宗之後，將本命元辰祭祀從道觀移轉到國家祭祀場所太一宮中。同一時期，在北方之金朝，金章宗明昌元年（1190）也在北京十方大天長觀內西側增建了「瑞聖殿」用來祭祀太后之本命元辰神。由上面之記述可以推知六十甲子元辰之祭祀在兩宋之時，甚為興盛。

---

[88] 參見：陳峻誌博論，《太歲的信仰溯源與祭祀空間——以臺灣為主的討論》，頁：43-44。

在隋唐之時，除了在動土興建之時，會祭祀太歲神外，並無特意祭祀太歲之記載，及至北宋神宗之時，才開始有在太一宮內設置太歲神殿（「靈貺殿」）——官方之祭祀的記載，北宋徽宗時亦有官方祭祀太歲的記載，然不見有祭祀儀典之記載文獻。南宋以後，就開始有民間宮觀、寺廟祭拜太歲神之記載。北宋時之太歲殿所祭祀之太歲神似乎只有單一一尊，且當時的本命神或六十甲子元辰神也尚未與太歲神相互交融。[89]

早先歲星神（太歲）只有一位，董中基認為：在北魏道武帝（在位386～409）時，將歲星神分成十二位。[90]但陳峻誌指出在，《周禮》〈春官宗伯〉中已有「馮相氏掌十有二歲」之記載，歷代之注疏家亦皆暗指歲星為十二神，因此認為道武帝並非始創者，也許只是承繼傳統罷了。[91]

> 而太歲十二神體系初步完成於盛唐……敦煌遺書S6164-2所云「上中下三元」，在傳說為盛唐時所創的「四利三元」中也可見到。四利謂四吉星，即太陽、太陰、龍德、福德四種太歲吉星。三元如

---

[89] 參見：陳峻誌博論，《太歲的信仰溯源與祭祀空間——以臺灣為主的討論》，頁：183。

[90] 參見：董中基，〈白雲觀裡祭歲星〉，收入《道教與傳統文化》，文史知識文庫，北京：中華書局，1997.10，頁：341-344。

[91] 參見：陳峻誌碩論，《太歲信仰研究》，2007.06，頁：119。

S6164-2所云，謂上中下三元，清朝魏鑑《象吉通書》：「十二年分三元，子午卯酉年為上元，辰戌丑未年為中元，寅申巳亥年為下元。」……而「四利三元」實際就是「太歲十二神」：「一太歲、二太陽、三喪門、四太陰、五官符、六死符、七歲破、八龍德、九白虎、十福德、十一弔客、十二病符。太陽、龍德、福德為吉，餘方皆凶。」[92]

　　兩宋之際，蜀地之〈天心地司大法〉[93]中創造出「北極御前顯靈體道助法戩精滅魔地司猛吏太歲大威力至德元帥殷郊」[94]，殷郊為至德元帥——太歲神，此時太歲僅為單一之神祇，尚未統領一切之太歲神。直到南宋時蔣叔輿之《無上黃籙大齋立成儀》上云：「太歲直令至德尊神，太歲下六十甲子諸官君……」[95]太歲至德尊神由單一之神祇，而成為

---

[92] 參見：陳峻誌博論，《太歲的信仰溯源與祭祀空間——以臺灣為主的討論》，頁：186-187。

[93] 〈天心地司大法〉約當1100年前後由申霞或廖守真創於蜀地，並逐漸向東傳播。參見：陳峻誌博論，《太歲的信仰溯源與祭祀空間——以臺灣為主的討論》，頁：195。

[94] 參見：《道法會元》卷二百四十六〈天心地司大法〉，收錄於《正統道藏・正乙部・宮字號》，第五十一冊，台北：新文豐出版股份有限公司，1995.04，頁：415。

[95] 參見：〔南宋〕蔣叔輿（1163~1223）撰，《無上黃籙大齋立成儀》卷五十六，收錄於《正統道藏・洞玄部・威儀類》，第十六冊，台北：新文豐出版股份有限公司，1995.04，頁：341。

「六十位官君」之統領，然而此「六十位官君」尚不是後世
之六十太歲。

　　由於太歲早在《周禮》〈春官宗伯〉中即有云「馮
相氏掌十有二歲」，因之自古即有十二太歲之說。又由於
太歲是從歲星演化而來，其具有紀年之功用，因此在推算
本命年之時，會涉及於太歲，且十二太歲正好可與十二地
支、十二生肖配合上。再由十二地支擴而為六十干支——
六十甲子，因此太歲漸漸的與六十甲子、六十元辰搭上關
係，最終於宋末、元初之時，興起六十太歲之說法，到了
明末、清初之時正式完成了六十太歲之體系，而取代了
六十元辰神。

第三節　元明清之太歲信仰

　　六十太歲神是從六十甲子之數所產生之六十甲子元辰
神，衍化出來的。此六十元辰神之名諱，應是由道教數術之
流，虛構出來的，主要是用於修練、觀想之用。[96]金朝章宗
在十方大天長觀（即元代之長春宮、明清之白雲觀的前身）
擴建之瑞聖殿中，所祭祀之「瑞聖丁卯本命元辰像」及六十
甲子神像，應為六十甲子元辰神：王文卿、龍季卿等六十甲
子元辰神像而非今日所見之金辨、陳材等六十太歲大將軍之
像。[97]現今之六十太歲之名諱乃產生於清初，由清初全真教
龍門派道士王常月之弟子柳守元[98]扶鸞而來的。[99]至於此六十
太歲何時取代了原先之六十甲子元辰神？

　　董中基云：

　　　明初長春宮廢圮。永樂時敕建白雲觀，瑞聖殿被保留

96　「這些都是方便於存思觀想時所用，尤其是和漢代正一派房中說
　　有關。」參見：蕭登福，《太歲元辰與南北斗星神信仰》下，
　　頁：404。

97　參見：蕭登福，《太歲元辰與南北斗星神信仰》下，頁：514。

98　柳守元（？~？）為全真教龍門派道士，為清初道士王常月
　　（1522?~1680?）之弟子。

99　參見：蕭登福，《太歲元辰與南北斗星神信仰》下，頁：524。

下來，成為白雲觀的西路殿堂。明末白雲觀再廢，清
初道教全真教龍門派第七代宗師王常月重修白雲觀，
改瑞聖殿為元辰殿。[100]

之後，其弟子柳守元扶鸞

為六十太歲賦予名諱，撰成《太上靈華至德歲君解厄
延生法懺》，[101]用以懺罪延生、消災解厄，其概念與
元辰神相近，更至其後，直接取代六十甲子王文卿等
元辰神，把太歲視為本命元辰神，六十位太歲每年
由一人輪值，和自己出生年相值者，即是自己的本
命太歲。[102]

就這樣六十甲子元辰神被六十太歲神取代了，到了今天人
們反而只知有六十太歲神，而不知有六十元辰神，甚至以
為六十元辰神就是六十太歲神，也因此有些宮觀、寺廟把

---

[100] 參見：董中基，〈白雲觀裡祭歲星〉，收入《道教與傳統文化》，
文史知識文庫，北京：中華書局，1997.10，頁：342。

[101] 參見：開玄闡秘宏教真君柳守元撰，廣化弟子惠覺校訂，《太上靈
華至德歲君解厄延生法懺》，收錄於〔清〕彭文勤纂輯，賀龍驤校
勘，《道藏輯要》《柳集四》第二十一冊，台北：考正出版社，
1971.07，頁：9371-9380。

[102] 參見：蕭登福，《太歲元辰與南北斗星神信仰》下，頁：520

祭祀六十太歲神之太歲殿（或斗姆殿）仍然稱為元辰殿。
據蕭登福之研究，及本文之推測，北京白雲觀元辰殿之
六十甲子神像，應是在柳守元之時，被改為六十太歲大
將軍之像，其造像之形象應是依據其所保有之「清宮如意
館」畫像（按：此圖應是由清宮送來之複本，可能是用來
作為水陸法會懸掛之掛軸畫）來雕塑的。此六十太歲之名
諱首見於柳守元扶鸞所撰之《太上靈華至德歲君解厄延生
法懺》。

　　唐、宋兩代，甚少有祭祀太歲之記載，僅有在十太乙
神之信仰興起時，在太乙宮中，作為十太乙神之陪祀神。[103]
到了元明之時，才逐漸多起來。《明集禮》：「太歲者，
十二辰之神……唐宋不載祀典，元每有大興作，祭太歲、
月將、日直、時直於太史院。」[104]但官方祭祀太歲之紀
錄，直到元成宗元貞元年（1294）才開始有，《元史》記
載：「五月庚戌朔，太白犯輿鬼。壬子，始開醮祠於壽寧
宮，祭太陽、『太歲』、火、土等星於司天臺。」[105]元代

---

[103] 宋代的三座太乙宮，都是「分祀十太一與太歲之神，而五福神居其
　　中」。可見宋代的太乙宮，主祀太乙十神，十神中以五福太乙神居
　　首，安於中座，其餘九神加上太歲分列兩旁，為從祀。參見：蕭登
　　福，《太歲元辰與南北斗星神信仰》下，台北市：新文豐出版股份
　　有限公司，2017.07，頁：493-494。

[104] 參見：〔明〕徐一夔撰，《明集禮》卷十三，台北：商務印書館，
　　1986，王雲五主編，《四庫全書珍本・八集》。頁：1。

[105] 參見：〔明〕宋濂撰，《元史》〈本紀第十八　成宗一〉，台北：

之太歲神祇屬於星宿神，意即「太歲等同於歲星」，但其
神格較宋代為低；明代之祭祀太歲之禮制，基本上承襲於
元代。

　　明太祖洪武二年（1369），在山川壇內，興建了太歲
壇，但並非專壇祭祀，僅是與光明之神和星辰之神同位，與
山川、自然神──風、雲、雷、雨師一起祭祀。[106]到了明世
宗嘉靖十年間（1532），始興建專門祭祀太歲之太歲壇了，
可以推知太歲神之祭祀真正受到重視是從明代開始的。[107]
《明史》載：

> 「嘉靖十年，命禮部考太歲壇制。禮官言：『太歲
> 之神，唐、宋祀典不載，元雖有祭，亦無常典。壇
> 宇之制，於古無稽。太歲天神，宜設壇露祭，準社
> 稷壇制而差小。』從之。遂建太歲壇於正陽門外之
> 西，與天壇對。中，太歲殿。東廡，春、秋月將二

臺灣商務印書館股份有限公司，1981.01，頁：221。

[106] 參見：〔明〕徐一夔撰，《明集禮》卷十三：「國朝既於圓丘，以
太歲、風、雨、雷師從祀，且增雲師於風師之次，復以春分驚蟄、
秋分後之三日，專祀本歲太歲及風師、雲師、雷師、雨師於國南群
祀壇，天子降香，遣官行事。其郡縣風雲雷雨師之祭，一如前代之
儀。」，台北：商務印書館，1986，王雲五主編，《四庫全書珍
本‧八集》，頁：1-2。

[107] 參見：林怡青碩論，《高雄縣路竹鄉安太歲文化研究與鄉土教學上
的應用》，2003，頁：27。

壇。西廡，夏、冬月將二壇。帝親祭於拜殿中。每
歲孟春享廟，歲暮祫祭之日，遣官致祭。王國府州
縣亦祀風雲雷雨師，仍築壇城西南。祭用驚蟄、秋
分日。」[108]

此太歲壇竣工之時，甚且是由皇帝親自祭拜，並訂定每年孟
春及歲末，祭享太廟之時，同派官員致祭。地方州縣除祀
風雲雷雨師外，築太歲壇於城之西南方，於驚蟄、秋分日
祭拜。

清代之時，延續明代設有專壇祭祀太歲。《清史稿》載：

「太歲殿位先農壇東北，正殿祀太歲，兩廡祀十二月
將。順治初，遣官祭太歲，定孟春為迎，歲暮為祖
（按：除）。歲正月，書神牌曰『某干支太歲神』，
如其年建。歲除祭畢，合祝版燎之。凡祭，樂六奏，
承祭官立中階下，分獻官立甬道左右，行三跪九拜
禮。初獻即奠帛、讀祝、錫福胙，用樂舞生承事，
時猶無上香儀也。乾隆十六年，禮臣言：『同屬天
神，不宜有異。』自是二祭及分獻皆上香。太歲、
月將神牌，舊儲農壇神庫，至是亦以殿廡具備，

---

108 參見：〔清〕張廷玉等撰，《明史》〈志第二十五　禮三吉禮三〉，
　　台北：臺灣商務印書館股份有限公司，1981.01，頁：524-525。

移奉正屋。臨祭，龕前安神座。畢，復龕。舊制，
祭太歲遣太常卿行禮，兩廡用廳員分獻。二十年，
改遣親王、郡王承祭。次年，定太常卿為分獻官。
雍、乾以來，凡祈禱，天神、太歲暨地祇三壇並
舉，遣官將事，陪祀者咸與焉。前期邸齋一日，承
祭官拜位。天神壇在南階下，太歲與常祀同，俱三
跪九拜。天神用燎，太歲兩廡不分獻，不飲福、受
胙。」[109]

另，古時候東西南北四方還有一組四方位神：東方木神句
芒、西方金神蓐收、南方火神祝融、北方海神禺強。又，
《春秋左傳》《正義》曰：

「二十九年傳曰：『有五行之官，是謂五官。
木正曰句芒，火正曰祝融，金正曰蓐牧，水正曰玄
冥，土正曰后土。是上古金木水火土，謂之五官
也。』……」、[110]

「五行之官，每歲五時祀之，謂之五祀。〈月

---

[109] 參見：〔民國〕趙爾巽（1844~1927）撰，《清史稿》〈志
五十八〉，，北京：中華書局，1998，第十冊，頁：2514-2515。
[110] 參見：〔晉〕杜預注，〔唐〕孔穎達疏，《春秋左傳正義》卷第
四十五（昭九年，盡十二年），台北：台灣古籍出版有限公司，
2002.01，頁：1485。

令〉云：『其神句芒、祝融、后土、蓐收、玄冥。』
配五帝而食，其神矣！」[111]

句芒屬東方、屬木，時令為春，主生長。在清代之時，不
知何原因而把太歲與句芒扯上關係？有曰太歲祭祀於春天
與句芒同時、又或有曰：「因為芒神是用以象徵三百六十
日，故而和執掌一年歲運之太歲特質頗為接近，故而有此連
結。」[112]在清代佚名撰之《安平縣雜記》上亦云：「春牛用
布袋糊泥成一牛樣，按年運五行金、木、水、火、土分五
色；芒神者值年太歲也，俗名春牛嫺。」[113]

　　本文認為清代考據學興盛，也甚有可能把太歲與《楚
辭》中之「東皇太一」[114]作連結，致使太歲與春神拉上關係

---

[111] 參見：〔晉〕杜預注，〔唐〕孔穎達疏，《春秋左傳正義》
〈卷三十襄五年，盡九年〉，台北：台灣古籍出版有限公司，
2002.01，頁：993。

[112] 參見：陳鶴文碩論，《臺灣地區六十太歲信仰之研究——以臺南都
會區為例》，頁：57。

[113] 參見：〔清〕佚名之《安平縣雜記》〈官民四季祭祀典禮〉，收錄
於《臺灣歷史文獻叢刊》，南投：臺灣省文獻委員會，1993.02，
頁：18。

[114] 早在春秋戰國之時，屈原（343BC?~278BC?）在《楚辭》中即有
「東皇太一」之稱，然歷代對此「太一」說法不一；本文認同《先
秦詩鑒賞辭典》〈徐志嘯賞析〉中之說法：「東皇太一」應是春神
的說法可以成立。至於「太一」，在這裏的含義是始而又始，象徵
起始與開端（按：意即《楚辭》中此處之「太一」，並非指稱北斗
之神、太歲也；「東皇太一」意指初春之神。）」參見：姜亮夫

　　而合祀。由上述可知，到了清代之時，太歲已與句芒／芒神
混合為一了，在孟春時祭祀春芒神也即是在祭祀太歲，此一
直持續到民國初年才廢止。

　　在清初順治之時，官方雖已有祭祀「六十太歲」，然
此時尚無六十太歲之名諱，直到乾隆（1736～1795）、嘉慶
年間（1796～1821）全真教龍門派道士柳守元所編之《太上
靈華至德歲君解厄延生法懺》才出現六十位太歲星君之名
諱，取代原先所用之「某干支太歲神位」（例如：「甲子
年太歲神位」、「乙丑年太歲神位」……等），及其後又
取代了六十甲子神之名諱，流傳至今，雖有多種版本，但
都大同小異，不外乎是魯魚亥豕之類，字型或字音相類而
訛傳。[115]

　　根據李豐楙的說法，道家之所以要創建出這些名諱來，
主要是基於：

> 「原始社會的名字巫術，在巫術定律中，凡知道鬼
> 神的名字，即可解除鬼神的干犯，因而獲致家居、
> 旅行時的安全。從現存的《山海經》，以及後來道

　　等撰，《先秦詩鑑賞辭典》，上海：上海辭書出版社，1998.12.，
　　頁：756-758。

[115] 參見：陳峻誌博論，《太歲的信仰溯源與祭祀空間──以臺灣為主
　　的討論》，表4-6，頁：210-213。

教所搜集的《百鬼錄》等，從巫術到法術傳承這一
種解除法」[116]

另，據蕭登福之研究，這六十太歲之名諱，乃柳守元扶鸞所
賦予的。[117]

其六十太歲名諱表如下：

[116] 參見：李豐楙，〈安太歲的信仰與習俗〉，高雄：《關係我》季
刊，第43期，1992，頁：26。

[117] 參見：蕭登福，《太歲元辰與南北斗星神信仰》下，台北市：新文
豐出版股份有限公司，2017.07，頁：522。

甲子太歲星君 金辯	乙丑太歲星君 陳林	丙寅太歲星君 沈興	丁卯太歲星君 耿章	戊辰太歲星君 趙達
己巳太歲星君 郭燦	庚午太歲星君 王清	辛未太歲星君 李熹	壬申太歲星君 劉玉	癸酉太歲星君 康忠
甲戌太歲星君 詹廣	乙亥太歲星君 伍保	丙子太歲星君 郭嘉	丁丑太歲星君 汪文	戊寅太歲星君 曾光
己卯太歲星君 方仲	庚辰太歲星君 董德	辛巳太歲星君 鄭祖	壬午太歲星君 陸明	癸未太歲星君 魏仁
甲申太歲星君 方傑	乙酉太歲星君 蔣崇	丙戌太歲星君 白敏	丁亥太歲星君 封濟	戊子太歲星君 鄭鐙
己丑太歲星君 潘佑	庚寅太歲星君 鄔柏	辛卯太歲星君 范甯	壬辰太歲星君 彭泰	癸巳太歲星君 時斝
甲午太歲星君 章嗣	乙未太歲星君 楊賢	丙申太歲星君 管仲	丁酉太歲星君 唐傑	戊戌太歲星君 姜武
己亥太歲星君 謝燾	庚子太歲星君 虞超	辛丑太歲星君 楊信	壬寅太歲星君 賀諤	癸卯太歲星君 皮時
甲辰太歲星君 李成	乙巳太歲星君 吳遂	丙午太歲星君 文祈	丁未太歲星君 繆丙	戊申太歲星君 俞昌
己酉太歲星君 程寶	庚戌太歲星君 倪秘	辛亥太歲星君 葉堅	壬子太歲星君 邱德	癸丑太歲星君 朱雍
甲寅太歲星君 張朝	乙卯太歲星君 萬清	丙辰太歲星君 辛亞	丁巳太歲星君 易彥	戊午太歲星君 黎卿
己未太歲星君 傅儻	庚申太歲星君 毛粹	辛酉太歲星君 石政	壬戌太歲星君 洪克	癸亥太歲星君 盧經

表2：六十太歲名諱表。[118]（本文作者自製）

---

[118] 此表以柳守元撰之《太上靈華至德歲君解厄延生法懺》為準。其他
尚有多種大同小異之版本，其對照表，可參見：陳鶴文碩論，《臺
灣地區六十太歲信仰之研究——以臺南都會區為例》，表4-2：
六十太歲神明及其他性質接近神明的名諱一覽表，頁：136-138。

　　清初祭太歲，雖有設太歲壇、太歲殿，但並不以之為上祀，滿人更重視祖先及自然神之祭祀，[119]太歲也只是陪祀而已，其神格落在五嶽神之後。清代在杭州府地方流行有「太歲上山」習俗，據清光緒二十四年（1898）編修之《杭州府志》上記載：

> 「立春前一日，杭州府率總捕、理事、水利三廳，仁和、錢塘二縣令，朝服往慶春門外迎請句芒之神。……又臺閣地戲等紙牛、活牛各一，進城先往撫院報春，各官即回本署，供神於府大門外懊來橋。該處搭廠掛燈結綵燒香者通宵。次日，立春前一時，由此動身上殿，名曰太歲上山。」、「（吳山太歲廟）大殿中供至德帝君，兩旁列供六十花甲值年太歲，殿左供本年甲子太歲一位，殿右供句芒之神。」[120]

　　另，又於〔清〕邵晉涵、鄭澐撰《杭州府志》中有云：

> 「太歲廟在吳山海會寺西，（舊浙江通志）宋紹興初

---

[119] 滿人原信奉薩滿教，以自然神為祀。

[120] 參見：龔嘉儁修，李榕纂，《杭州府志》卷一百七十，台北：成文出版社，1974，頁：570-571。轉引自：陳峻誌博論，《太歲的信仰溯源與祭祀空間——以臺灣為主的討論》，頁：60。

建。理宗書額曰：『至德之觀』，元至正間毀，行省
丞相達實特穆爾重建，元末又燬，明天順六年重建，
每歲迎春奉勾芒神於此（錢塘縣志）。」[121]

由上述，可以見到在清代時，太歲與勾芒神是合在一起祭
祀的。

　　蓋因為太歲源於歲星，而歲星肉眼觀察偏為青白色，
青色在五行上屬木（故歲星又曰木星），五行上木屬東方，
中國地理上，北方嚴寒、南方酷熱、西方乾燥、唯有東方溫
暖，故自古即把東方配屬春季，適宜草木生長，故曰東方屬
木、色青、宜春；古時又有一四方之方位神：東方勾芒、
西方蓐收、南方祝融、北方禺強之說。[122]因此之故，在清代
時，杭州地區把太歲與春神勾芒合併在同一殿中祭祀，並於
立春之時一起祭拜。

　　另，明、清之時有些地方有「順星」之習俗，所謂「順
星」即為：「正月八日夕，俟星出全時，然（按：燃）燈火
設祭，謂之順星」。[123]舊時

---

[121] 參見：〔清〕邵晉涵、鄭澐撰《杭州府志》，收錄於《續修四庫
　　全書・史部・地理類》，第七〇一冊，上海：上海古籍出版社，
　　2003.05，頁：262。

[122] 參見：陳峻誌碩論，《太歲信仰研究》，2007.06，頁：125。

[123] 參見：李光庭（?~?）在乾隆三十年（1765）前後刊行之《鄉言解
　　頤》。轉引自：陳峻誌博論，《太歲的信仰溯源與祭祀空間——以

「在北京有『順星』習俗，傳說正月初（尤其初八）
諸星宿下界，城內外庵宮觀均有祭拜。白雲觀元辰
殿即是最有名的求順星的場所，在舊時要舉行祭星儀
式，諸星宿像（按：六十元辰／太歲星君）前大燃油
燈，傍晚時，方丈率道眾，著法衣、鳴法器、鐘鼓齊
鳴、誦經禮懺，祈求祛災求福，吉祥如意。」[124]

另又依照董中基之說法：

「向元辰神祈福免災之說，稱之為『順星』」、「所
謂『順星』，就是即使是不順利的流年，通過祈禱，
得到星辰的保佑，就可變為順利之意。」[125]

「順星」之民俗意涵，據生長於北平之唐魯孫（1908～
1988）在其《老古董》〈白雲觀順星〉中描述：

「每年正月初八，是眾位星君聚會之期……凡是到

臺灣為主的討論》，頁：49。

[124] 參見：李豐楙，〈安太歲的信仰與習俗〉，《道教月刊》第14期，
2007.02.頁：19。

[125] 參見：董中基，〈白雲觀裡祭歲星〉，收入《道教與傳統文化》，
文史知識文庫，北京：中華書局，1997.10，頁：341。

星神殿祭星的人，據說一進殿門（按：白雲觀元辰殿），隨便認定一位星宿（按：六十元辰／太歲星君），往右邊一尊一尊的往下數，譬如說您今年正好花甲週慶，您就數到六十位……還有一種簡單順星的方法，就是每位星神座下，貼有一張黃紙籤兒，註明那位星君幾多歲的值年星宿，您認準後，就在那位尊神座下，燒香、磕頭、許願、統香錢添燈油，也算順星功德圓滿。」[126]

由上之述，可以推知：自清至今，有些地方（北京地區），人們已把拜祭太歲與順星混合為一了。

---

[126] 參見：唐魯孫，《老古董》〈白雲觀順星〉，台北：大地出版社，1981.05，頁：55-57。

第三章

斗姆信仰之興起

　　現今在台灣地區之元辰殿——即六十太歲殿中，主神往往是祭祀著斗姆（又稱斗母、斗姥）元君神祇，兩旁由北斗星宿之外輔／左輔（洞明星、道名為擎羊星君）、內弼／右弼（隱光／隱元星、道名為陀羅星君）二星君陪祀，而不是太歲頭子「上清北帝地司太歲大威德神王至德主帥殷元帥」殷郊，其原因為：在唐宋之後，六十太歲神被視為星宿神祇，不再被視為地司之神祇、地下／地中太歲，所以就與地司神殷郊殷元帥分離了，改以北斗九皇之母斗姆元君來替代，此在清代嘉慶二十一年（1816）整修之吳山太歲廟的文獻中可見：「增建了勾芒行殿、兩廊以及供奉

斗姥的紫光斗閣」之記載，[127]此為六十太歲與斗姆關聯的最早之記載。另，陳鶴文在其碩論中亦云：

> 「台灣地區的太歲殿其設計之理念皆是直接或間接取自北京白雲觀的「元辰殿」的設計理念而來，而北京白雲觀的「元辰殿」則是1983年中國「文革」過後……已毀，故而中國道教協會則決定以清宮如意館畫像為藍本，重塑六十甲子像，並將中位改為斗姆像，兩側為北斗星的左輔、右弼……以斗姆為主神……」[128]

此為台灣地區之元辰殿／太歲殿以斗姆為主神之由來。

---

[127] 參見：仰衡撰，《武林元妙觀志》卷一，頁：1068。轉引自：陳峻誌博論，《太歲的信仰溯源與祭祀空間——以臺灣為主的討論》，頁：64。

[128] 參見：陳鶴文碩論，《臺灣地區六十太歲信仰之研究——以臺南都會區為例》2007.06.頁：60。

第一節　斗姆信仰之起源

　　秦、漢之時，祭祀南、北斗星宿被列為國家祭典之一。後漢之時，張道陵創五斗米教時，編撰了五斗經，為北斗、南斗等諸星宿，編列出名諱、尊號，人格化了眾星宿神，同時倡言「南斗主生，北斗主死」，[129]生者已矣，惟死可追，因此人們為了延壽、長生，便得祭拜、祈禳北斗星宿，使得祭祀北斗星宿神變得十分重要與盛行。其後，更影響了甚為重視道教之李唐時代，甚且影響了佛教，使得唐代所譯之密教經典中，出現了多種有關北斗星宿之經典來，諸如：唐代高僧金剛智[130]所撰之《北斗七星念誦儀軌》、[131]一行[132]所撰

---

[129] 「東斗主算，西斗記名，北斗落死，南斗上生，中斗大魁，巍然至尊」，參見：《正統道藏・洞神部・本文類・傷字號》，第十九冊，台北：新文豐出版股份有限公司，1995.04，頁：21。

[130] 參見：法鼓人名規範資料庫：金剛智（669~741），中國密教初祖。於那爛陀寺出家、受具戒。廣習大、小乘經律論，後隨南印度龍智深究密教。開元七年（719）抵廣州，翌年，由玄宗迎至大慈恩寺，遷住薦福寺，立大曼荼羅灌頂道場，為王臣、百姓皈依。開元十一年（723），在資聖寺譯經，譯出《金剛頂瑜伽中略出念誦法》、《七俱胝陀羅尼》等經。法嗣有大智、大慧、不空、一行等。

[131] 參見：〔唐〕金剛智譯，《北斗七星念誦儀軌》，（CBETA 2020. Q1, T21, no. 1305, p. 423c16）

[132] 參見：法鼓人名規範資料庫：一行（683~727），唐僧。俗名張遂，張公謹之孫、張懷之子。投嵩山普寂出家，學大通禪法，後

之《宿曜儀軌》、[133]《北斗七星護摩法》、[134]不空[135]所譯之《七星如意輪祕密要經》[136]及《佛說北斗七星延命經》[137]等等在唐代所出之佛教（密教）經典。

在宋代之前的道經中，並無斗父、斗母[138]之記載，斗姆之說，始見於宋代：《太上玄靈斗姆大聖元君本命延生心經》（以下簡稱《本命延生心經》）及《玉清無上靈寶自然北斗本生真經》（以下簡稱《北斗本生真經》）二經；《本命延生心經》中云：

又明律，復詣天台山從隱者受曆數算法。玄宗朝，撰《大衍曆》上進頒行。善無畏來，師依習密，與譯《大毗盧遮那成佛神變加持經》，後作《記釋》，即《大日經疏》。又遇金剛智，受秘密灌頂。一身承傳胎、金兩部密法。

[133] 參見：〔唐〕一行（683~727）撰，《宿曜儀軌》，（CBETA 2020.Q1, T21, no. 1304, p. 422b8-10）。

[134] 參見：〔唐〕一行撰，《北斗七星護摩法》，（CBETA 2020.Q1, T21, no. 1310, p. 457b2-3）。

[135] 參見：法鼓人名規範資料庫：不空（705~774），漢傳密宗（按：又稱唐密）祖師。幼依止金剛智，受五部灌頂。開元八年（720），隨至京師，敕居慈恩寺，同譯密法。後奉智之遺旨，往五天竺及師子國廣求密藏。天寶五年（746）還京，為帝灌頂，賜號智藏。天寶十五年（756），敕住大興善寺。自天寶至大曆間，譯出密部經軌七十七部，百二十餘卷。寂贈司空，諡大辯正廣智三藏。

[136] 參見：〔唐〕不空譯，《七星如意輪祕密要經》，（CBETA 2020. Q1, T20, no. 1091, p. 224b3）。

[137] 參見：婆羅門僧將到此經唐朝受持，《佛說北斗七星延命經》，（CBETA 2020.Q1, T21, no. 1307, p. 425b3）

[138] 斗母、斗姆、斗姥三者，在道教文獻中多被混稱、混用。

「老君曰：斗姆上靈光圓大天寶月中有騫樹，色瑩瑠璃，玉兔長生，鑄鍊大藥……潛施藥力，職重天醫，生諸天眾月之明，為北斗眾星之母，斗為之魄，水為之精……斗母尊號曰：『九靈太妙白玉龜臺夜光金精祖母元君』，又曰：『中天梵炁斗母元君』，『紫光明哲慈惠太素元后金真聖德天尊』，又化號『大圓滿月光王』，又曰『東華慈救皇君天醫大聖』，應號不一……每發至願，願生聖子，補神造化，統制乾坤，願力堅固，終始如一。因沐浴於九曲華池中，湧出白玉龜臺神獅寶座，斗母登于寶座之上，怡養神真，修鍊精魄，沖然攝炁，炁入玄玄，運合靈風，紫虛蔚勃，果證玄靈妙道，放無極微妙光明，洞徹華池，化生金蓮九苞……是九章生神，應現九皇道體。一曰天皇，二曰紫微，三曰貪狼，四曰巨門，五曰祿存，六曰文曲，七曰廉貞，八曰武曲，九曰破軍。天皇、紫微尊帝二星居斗口娑羅上宮，真光大如車輪，得見之者，身得長生，位證真仙，永不輪轉。二星分作餘暉，為左輔、右弼，為擎羊、陀羅，神化無方，總領玄黃正炁……」[139]

---

[139] 參見：《正統道藏・洞神部・本文類・傷字號》，第十九冊，台北：新文豐出版股份有限公司，1995.04，頁：3-4。

　　在此經中述說，斗姆（斗母）為北斗九皇（北斗七星
星君及勾陳天皇大帝、北極紫微大帝）之母，神格之高，其
貴無比。經文中亦述及「寶月」、「玉兔鑄藥」等情事；在
秦、漢之時，馬王堆帛畫、漢畫石、漢畫磚中，西王母身旁
往往亦畫有月及玉兔鑄藥之圖像。另又稱斗姆為「九靈太妙
白玉龜臺夜光金精祖母元君」及號為「大圓滿月光王」；
〔後漢〕桓驎（？～？）在《西王母傳》中云：「西王母
者，九靈太妙龜山金母也。一號太虛九光龜臺金母元君，乃
西華之至妙、洞陰之集尊。」[140]及唐代杜光庭[141]在《墉城集
仙錄》中云：「金母元君者，九靈太妙龜山金母也。一號太
靈九光龜臺金母，一號曰西王母；乃西華之至妙、洞陰之集
尊。」[142]由上之敘述，可以說在《本命延生心經》中，似乎

---

[140] 參見：《五朝小說大觀》卷一，臺灣廣文書局，1979年5月初版。
　　轉引自：蕭登福，《太歲元辰與南北斗星神信仰》下，台北：新文
　　豐出版股份有限公司，2017.07，頁：748。

[141] 參見：法鼓人名規範資料庫：杜光庭（850~933），唐朝時著名道
　　士。處州縉雲人（一說長安或括蒼人）。咸通中進取不利，入天
　　台山學道，拜應夷節為師，為司馬承禎五傳弟子，應制為道門領
　　袖。僖宗時從幸，興元（784-785）後隱於青城山，蜀王建封為廣
　　城先生。人以為尸解。晚年居於青城山，潛心悟道，死後葬在清都
　　觀。著有《歷代崇道記》。

[142] 參見：〔唐〕杜光庭撰，《墉城集仙錄》，收錄於《正統道藏・洞
　　神部・譜錄類・竭字號》，第三十冊，台北：新文豐出版股份有限
　　公司，1995.04，頁：3-4。

是把斗姆標指、類比為「西王母」。而此經據蕭登福之研究，成立於兩宋之際。[143]

至於《北斗本生真經》則云：

> 「……在昔龍漢，有一國王，其名周御，聖德無邊，
> 時人稟受八萬四千大劫，王有玉妃，明哲慈慧，號
> 曰：『紫光夫人』，誓塵劫中，已發至願，願生聖
> 子，輔佐乾坤，以裨造化。後三千劫，於此王出世，
> 因上春日，百花榮茂之時，遊戲後苑，至金蓮花溫玉
> 池邊，脫服澡盥，忽有所感，蓮花九包，應時開發，
> 化生九子，其二長子，是為天皇大帝，紫微大帝，其
> 七幼子，是為貪狼、巨門、祿存、文曲、廉貞、武
> 曲、破軍之星，或善或惡，化導群情……二長子帝君
> 居紫微垣太虛宮中，勾陳之位，掌握符圖，紀綱元
> 化，為眾星之主領也……紫光夫人亦號『北斗九真聖
> 德天后』、『道身玄天大聖真后』……」[144]

據蕭登福之研究，此經撰作之年代應在北宋至南宋初，為宋

---

[143] 參見：蕭登福，《太歲元辰與南北斗星神信仰》下，台北：新文豐出版股份有限公司，2017.07，頁：749-750。

[144] 參見：《正統道藏·洞真部·本文類·辰字號》，第二冊，台北：新文豐出版股份有限公司，1995.04，頁：498-499。

代扶鸞之作。[145]兩經撰作之年代接近，且其經文所言之內容相近，甚至可以互補。惟《本命延生心經》沒有提到斗父，而《北斗本生真經》則提出斗父為龍漢時代[146]之國王周御，但其對斗姆之描述則較簡略，僅言其為國王之玉妃——紫光夫人而已。

　　有關斗姆之說，出於兩宋之際，但當時對斗姆之描述，是將斗姆說成為西王母之化現或等同於西王母本身，為二天皇大帝及北斗眾星宿之母，其神格非常的高。至於後世所云之「斗姆為摩利支天」或等同於佛教之摩利支天之說法，則遲至元末之時才出現，本文將於下文中論述。

---

[145] 參見：蕭登福，《太歲元辰與南北斗星神信仰》下，台北：新文豐出版股份有限公司，2017.07，頁：754-756。

[146] 龍漢時代，為道教對史前歷史紀年之說法；有二說：一說為五劫之始劫（龍漢、赤明、開皇、上皇、延康）。另一說為元始天尊的年號之：《隋書》卷三十五〈志第三十〉經籍四〈道經〉：「道經者，云有元始天尊，生於太元之先，稟自然之氣，沖虛凝遠，莫知其極。所以說天地淪壞，劫數終盡，略與佛經同。以為天尊之體，常存不滅。每至天地初開，或在玉京之上，或在窮桑之野，授以祕道，謂之開劫度人。然其開劫非一度矣，故有延康、赤明、龍漢、開皇，是其年號。其間相去經四十一億萬載。」參見：《隋書》，台北：臺灣商務印書館股份有限公司，1981.01，頁：488。

第二節　道教斗姆
與佛教摩利支天之合體

　　在宋代之道經中，西王母是「萬炁祖母元君」，也是「梵炁祖母元君」（按：萬、梵音相近也，古代師徒之間口耳相傳，極易混淆。）宋代道家內丹修練，首重心火與腎水相濟，而兩腎間的氣海神龜，為萬（梵）炁之源，其主司者為西王母。北宋王契真[147]撰之《上清靈寶大法》卷四〈十玄修用門〉中云：

> 「西龜之山，一曰龍山，言木之道也。金母居之，言金之體也。乃九天之根本，人之九宮之根也。紐黃炁之淵府，乃梵炁之宮，土之正府也。」[148]

---

[147] 王契真（?~?），北宋末人。據《天台縣志》載，師事寧全真，受授靈寶大法，自稱士清三洞弟子，並署領教嗣師，屬靈寶東華派。為王茂端（王靈寶）胞弟，時人稱「小靈寶」。編撰《上清靈寶大法》六十六卷，收集有關修煉、齋醮及各種方術，是靈寶派道法集大成之作。

[148] 參見：北宋王契真撰，《上清靈寶大法》卷四〈十玄修用門〉，收錄於《正統道藏・正乙部・鬱字號》，第五十一冊，台北：新文豐出版股份有限公司，1995.04，頁：673。

　　西王母所在之龜山，乃為「梵炁之宮」。所以西王母為「萬炁祖母元君」、也是「梵炁祖母元君」。[149]又在《上清靈寶大法》卷六十二〈正奏門‧奏金母〉中稱西王母為「九靈太妙白玉龜臺夜光金真梵炁祖母元君」[150]而在《本命延生心經》中稱斗姆為：「九靈太妙白玉龜臺夜光金精祖母元君」又名為「中天梵炁斗母元君」。此意為：「西王母即斗姆、斗姆即西王母也。」由此於兩宋時，西王母神格逐漸地演變成星宿之母、北斗九皇之母——斗姆。

　　在斗姆一連串之道名當中，值得注意的是「中天梵炁斗母元君」當中之「梵」字。此「梵」字把斗姆與「天竺」拉上了關係，再加上了一連串之附會，到了元代之時，斗姆元君最終變成了「天竺之摩利支天」或稱「摩利支菩薩」了。

　　摩利支（其他異譯為摩梨支、末利支、摩里支）梵文為 Marīci，意為「陽燄」，[151]海市蜃樓之意，為映射於陽光中微細塵粒子之光影、虛幻之影、不可捉摸。摩利支天，為佛

149　參見：蕭登福，《太歲元辰與南北斗星神信仰》下，台北：新文豐出版股份有限公司，2017.07，頁：757。

150　參見：《正統道藏‧正乙部‧禽字號》，第五十二冊，台北：新文豐出版股份有限公司，1995.04，頁：670。

151　參見：〔隋〕天竺三藏闍那崛多（Jñānagupta，健馱邏國人，523~600）譯之《佛本行集經》卷31：「摩梨支隋言陽炎（按：燄）」（CBETA 2020.Q1, T03, no. 190, p. 800a2）

圖7：〔後漢〕西王母畫像磚，40.3x45.5cm，1955年四川省成都出土，現
　　　藏於四川省博物館。引自：《西王母文化研究集成圖像資料卷》，桂
　　　林：廣西師範大學出版社，2009.03，頁：326，圖164。

教之密教諸神之一；[152]最早有關摩利支天之譯經為：〔南朝
蕭梁〕，失譯人名，今附於梁錄之《佛說摩利支天陀羅尼呪
經》：

---

[152] 密教摩利支天神，學者一般認為是由乘坐七匹駿馬拉車的印度太
　　　陽神魯雅所衍變。印人傳說太陽神韋休奴（Viṣṇu）就是野豬的化
　　　身。參見：蕭登福，《太歲元辰與南北斗星神信仰》下，台北：新
　　　文豐出版股份有限公司，2017.07，頁：766。

「爾時世尊告諸比丘，有天名摩利支天，常行日月
前；彼摩利支天，無人能見、無人能捉。不為人欺
誑、不為人縛、不為人債其財物、不為怨家能得其
便。」[153]

其後在隋、唐之時，尚有多部有關摩利支天之譯經，諸
如：大唐天竺三藏阿地瞿多[154]譯之《陀羅尼集經》卷10：

「世尊告諸比丘：『日前有天名摩利支，有大神
通自在之法，常行日前，日不見彼、彼能見日，
無人能見、無人能知、無人能捉、無人能害、無人
能欺誑、無人能縛、無人能責其財物、無人能罰、
不畏怨家能得其便。』佛告諸比丘：『若有人知彼
摩利支天名者，彼人亦不可見、亦不可知、亦不可
捉、亦不可害、亦不為人欺誑、亦不為人縛、亦不
為人責其財物、亦不為人責罰、亦不為怨家能得其

---

[153] 參見：《佛說摩利支天陀羅尼呪經》，（CBETA 2020.Q1, T21,
no. 1256, p. 261c1-5）。

[154] 參見：法鼓人名規範資料庫：阿地瞿多（Atikūṭa，603?~655?）
唐代譯經僧。中印度人，生卒年不詳。高宗永徽三年（652）入長
安，受敕住慈恩寺。依沙門彥悰、李世勣等道俗二十八人之請，於
慧日寺浮圖院建陀羅尼普集會壇。沙門玄楷等請師譯法會之典據，
遂成撮要鈔譯集十二卷，即今陀羅尼集經。

082

便。』」[155]

　　其他如：不空亦有四譯本：《末利支提婆華鬘經》一卷、[156]《佛說摩利支天菩薩陀羅尼經》一卷、[157]《佛說摩利支天經》一卷、[158]《摩利支菩薩略念誦法》一卷，[159]另有一失譯本（佚名）：《摩利支天——印法》一卷，[160]及宋代之天息災[161]譯之《佛說大摩里支菩薩經》七卷[162]。

---

[155] 參見：《陀羅尼集經》卷10，（CBETA 2020.Q1, T18, no. 901, p. 869c6-14）。

[156] 參見：《末利支提婆華鬘經》，（CBETA 2020.Q1, T21, no. 1254, p.255c8）。

[157] 參見：《佛說摩利支天菩薩陀羅尼經》，（CBETA 2020.Q1, T21, no. 1255a, p. 259b26-c6）。

[158] 參見：《佛說摩利支天經》，（CBETA 2020.Q1, T21, no. 1255b, p. 260b7-12）。

[159] 參見：《摩利支菩薩略念誦法》，（CBETA 2020.Q1, T21, no. 1258, p.285a18）。

[160] 參見：《摩利支天一印法》，（CBETA 2020.Q1, T21, no. 1259, p. 285c3）。

[161] 參見：法鼓人名規範資料庫：天息災（?~1000），原住中印度惹爛陀國密林寺。宋太宗太平興國五年（980）二月，偕施護來汴京。帝召見，賜紫衣，敕同閱梵夾。七年六月，譯經院成，詔天息災居之，與施護、法天等共同從事譯經，賜號「明教大師」。雍熙二年（985），帝授「朝散大夫試鴻臚少卿」，次年賜御製《三藏聖教序》。據《大中祥符法寶錄》卷六載，雍熙四年奉詔改名法賢。

[162] 參見：《佛說大摩里支菩薩經》，（CBETA 2020.Q1, T21, no. 1257, p. 262a19）。

　　經中所言摩利支天之神通法力多大同小異，彼行於日
月光之前，無人能見、無可捉摸、不為人縛，法力無邊，她
的長相將在下一章再詳述。但必須特別一提的是在天息災之
《佛說大摩里支菩薩經》中有云：「摩里支菩薩坐金色豬，
身之上身著白衣、頂戴寶塔，左手執無憂樹花枝，復有群豬
圍繞。」、[163]「菩薩如童女相，身色如雲乘豬。」[164]摩利支
天的坐騎是金色的豬，並且身旁有群豬圍繞；由此經中之
「豬」及以下之傳說的附會，使得佛教之摩利支天一變而成
為道教之斗姆。

　　底下本文略舉最具正史性質之僧史《宋高僧傳》為例；
北宋高僧贊寧[165]在其奉召撰之《宋高僧傳》中記載著唐高僧
一行之傳說：

　　　「……有王媼者，行（按：一行）隣里之老媼，昔多

163　參見：《佛說大摩里支菩薩經》卷1，（CBETA 2020.Q1, T21, no.
　　　1257,p. 263b7-9）。

164　參見：《佛說大摩里支菩薩經》卷7，（CBETA 2020.Q1, T21, no.
　　　1257,p. 282c1）。

165　參見：法鼓人名規範資料庫：贊寧（919~1001），俗姓高，出家
　　　於杭州祥符寺，時稱「律虎」。吳越王錢弘俶任之為兩浙僧統，
　　　賜號「明義宗文大師」。太平興國三年（978），賜號「通慧大
　　　師」。歷任翰林史館編修、左街講經首座、西京教事、右街僧錄
　　　等職。太平興國七年（984），勅編《大宋高僧傳》三十卷。另有
　　　《鷲嶺聖賢錄》、《大宋僧史略》、《事鈔音義指歸》等。

贍行之貲。及行顯遇常思報之,一日(王媼)拜謁
云:『兒子殺人即就誅矣,況師帝王雅重,乞奏減死
以供母之殘齡。』如是泣涕者數四。行曰:『國家刑
憲豈有論請而得免耶?』命侍僧給與若干錢物,任
去別圖。媼戟手曼罵曰:『我居隣周給,迭互繃褓
間抱乳汝。長成何忘此惠耶?』行心慈愛終夕不樂。
於是運算畢,召淨人,戒之曰:『汝曹挈布囊於某坊
閑靜地,午時坐伺得生類,投囊速歸。明日果有□虓
引狋七箇,淨人分頭驅逐,母走矣,得狋而歸。行已
備巨瓮,逐一入之閉蓋,以六乙泥封口,誦胡語數契
而止。投明,中官下詔入問云:『司天監奏,昨夜北
斗七座星,全不見何耶?』對曰:『昔後魏曾失熒惑
星,至今帝車不見,此則天將大儆於陛下也。夫四夫
匹婦不得其所,猶隕霜天旱。盛德所感乃能退之,感
之切者,其在葬枯骨乎?釋門以慈心,降一切魔。微
僧曲見,莫若大赦天下。』玄宗依之,其夜占奏,北
斗一星見,七夜復初,其術不可測也。」[166]

為了救恩人王老媼之子,一行法師用法術把北斗七星化現
之七隻豬,用甕子裝起來,使得北斗七星之星宿無法顯現

---

[166] 參見:《宋高僧傳》卷5〈唐中嶽嵩陽寺一行傳〉,(CBETA
2020.Q1, T50, no. 2061, p. 733a23-b15)。

於天際，因之而懇請唐玄宗大赦天下，救了恩人王老嫗的
兒子之傳說。此傳說最早可見於唐代之鄭處誨（？～？，
活動於約844年前後）撰的《明皇雜錄・補遺・僧人一
行》[167]及段成式的《酉陽雜俎》卷一〈天呪〉[168]之文中，宋

---

[167] 參見：鄭處誨撰，《明皇雜錄・補遺》〈僧人一行〉：「王姥兒犯
殺人，獄未具，姥詣一行求救。一行曰：「姥要金帛，當十倍酬
也。君上執法，難以情求，如何？」王姥戟手大罵曰：「何用識此
僧！」一行從而謝之，終不顧。一行心計渾天，寺中工役數百，
乃命空其室，內徙一大甕於中央，密選常住奴二人，授以布囊，謂
曰：「某坊某角有廢園，汝向中潛伺。從午至昏，當有物入來，
其數七者，可盡掩之。失一則杖汝。」如言而往，至酉後，果有群
豕至，悉獲而歸。一行大喜，令置甕中，覆以木蓋，封以六一泥，
朱題梵字數十，其徒莫測。詰朝，中使叩門急，召至便殿，玄宗迎
問曰：「太史奏昨夜北斗不見，是何祥也？師有以禳之乎？」一行
曰：「後魏時失熒惑，至今帝車不見，古所無者，天將大警於陛下
也。夫匹夫匹婦不得其所，則殞霜赤旱。盛德所感，乃能退舍。感
之切者，其在葬枯出繫乎！釋門以嗔心壞一切喜、慈心降一切魔。
如臣曲見，莫若大赦天下。」玄宗從之。又其夕，太史奏北斗一星
見，凡七日而復。」，北京：中華書局，1997.12，頁：43-44。

[168] 參見：段成式撰，《酉陽雜俎》卷一〈天呪〉：「僧一行博覽無不
知，尤善於數，鉤深藏往，當時學者莫能測。幼時家貧，鄰有王
姥，前後濟之數十萬。及一行開元中承上敬遇，言無不可，常思報
之。尋王姥兒犯殺人罪，獄未具。姥訪一行求救，一行曰：「姥
要金帛，當十倍酬也。明君執法，難以請一日情求，如何？」王姥
戟手大罵曰：「何用識此僧！」一行從而謝之，終不顧。一行心
計渾天寺中工役數百，乃命空其室內，徙大甕於中。又密選常住
奴二人，授以布囊，謂曰：「某坊某角有廢園，汝向中潛伺，從午
至昏，當有物入來。其數七，可盡掩之。失一則杖汝。」奴如言而
往。至酉後，果有群豕至，奴悉獲而歸。一行大喜，令置甕中，覆

代除了贊寧之《宋高僧傳》外，尚有李昉（925～996）《太平廣記》〈異僧六‧一行〉、[169]志磐[170]之《佛祖統記》[171]中均有類似之記載。

　　由上述這則廣為流傳之北斗七星化七豬的傳說，再加上摩利支天之坐騎為金豬，並且身旁有眾豬圍繞，儼然摩利支天成為北斗七星所化之豬的統帥，這傳說流傳了數百年後，到了元代末年，最後終於使得摩利支天變成為北斗七星之母——斗姆，使得佛教與道教之神祇合而為一。

以木蓋，封於六一泥，朱題梵字數寸，其徒莫測。詰朝，中使叩門急召。至便殿，玄宗迎問曰：「太史奏昨夜北斗不見，是何祥也，師有以禳之乎？」一行曰：「後魏時，失熒惑，至今帝車不見，古所無者，天將大警於陛下也。夫匹婦匹夫不得其所，則隕霜赤旱，盛德所感，乃能退舍。感之切者，其在葬枯出係乎？釋門瞋以心壞一切善，慈心降一切魔。如臣曲見，莫若大赦天下。」玄宗從之。又其夕，太史奏北斗一星見，凡七日而復。成式以此事頗怪，然大傳眾口，不得不著之。」，新北：源流文化事業有限公司，1983.09，頁：9-10。

[169] 參見：李昉（925~996）《太平廣記》〈異僧六‧一行〉，北京：中華書局，1961.09，頁：608-610。

[170] 參見：法鼓人名規範資料庫：志磐（？～？，南宋天台僧人），大石志磐法師，無住宗淨法師法嗣。受業四明福泉，專志天台，博覽能文。撰《佛祖統記》五十四卷，為天台一家正史。另有《宗門尊祖儀》、《法界聖凡水陸勝會修齋儀軌》。

[171] 參見：《佛祖統記》卷29：「里媼王氏子坐罪當死。求救於師。令捕七糠狖。日藏其一於甕。封以六一泥。呪之七日北斗盡沒。太史奏有大變。師勸帝大赦。媼子遂得免。乃日出一狖。七日而魁杓盡復。」，（CBETA 2020.Q1, T49, no. 2035, p. 296b21-25）。

第三節　斗姆信仰與六十太歲
信仰之合流

　　唐代之時，只有北斗九皇星宿，而無斗姆之說；及至宋
代，開始出現了斗姆——北斗九皇之母；藉由「梵炁」及透
過「北斗七豬」之傳說，到了元末更是把斗姆元君和佛教密
教之神摩利支天，附會合而成一神——即現今所流傳之斗姆
元君。

　　元代末年所撰成之《道法會元》卷八十三〈先天雷晶
隱書〉中有：「高上神霄玉清真王長生大帝，梵炁法主斗
母紫光天后摩利支天大聖。」、[172]「主法斗母摩利支天大
聖」、[173]「上奏梵炁法主斗罡天后摩利支天大聖道前」[174]等
之記載。另，在《道法會元》卷八十六〈先天雷晶隱書〉中
又有：

---

[172] 參見：《道法會元》卷八十三〈先天雷晶隱書〉，收錄於《正統道
藏・正乙部・廖字號》，第四十九冊，台北：新文豐出版股份有限
公司，1995.04，頁：419。

[173] 參見：《道法會元》卷八十三〈先天雷晶隱書〉，收錄於《正統道
藏・正乙部・廖字號》，第四十九冊，台北：新文豐出版股份有限
公司，1995.04，頁：420。

[174] 參見：《道法會元》卷八十三〈先天雷晶隱書〉，收錄於《正統道
藏・正乙部・廖字號》，第四十九冊，台北：新文豐出版股份有限
公司，1995.04，頁：433。

「念天母心咒，存自己為天母。咒曰：『曩謨囉咀曩，怛囉夜野，怛你野他，阿迦摩㮈，摩迦麼㮈，阿度麼㮈，你鉢囉麼㮈，摩訶你鉢囉麼㮈，阿怛陀那麼㮈，麻哩支茫麼㮈，那謨詳都諦，囉乞叉囉，乞叉娑嚩，薩怛嚩難，左娑嚩怛囉，娑嚩婆喻，鉢奈囉，吠毗藥，娑嚩賀。』」[175]

，此天姆（按：斗姆）心咒之咒語，對比佛教大藏經中之：〔唐〕不空譯的《佛說摩利支天經》中之陀羅尼[176]：

「爾時世尊說陀羅尼曰：『曩謨囉怛曩，怛囉夜野，怛儞也他，遏迦麼㮈，沫迦麼㮈，阿度麼㮈，紫鉢囉麼㮈，摩訶紫鉢囉麼㮈，頷怛馱曩麼㮈，麼哩紫野麼㮈，曩謨娑睹帝，囉乞灑囉，乞灑輪薩嚩，薩怛嚩難，左薩嚩怛囉，薩嚩婆喻，鉢捈囉，吠毘藥，娑嚩賀。』」[177]

---

[175] 參見：《道法會元》卷八十六〈先天雷晶隱書〉，收錄於《正統道藏‧正乙部‧廖字號》，第四十九冊，台北：新文豐出版股份有限公司，1995.04，頁：420-421。

[176] 陀羅尼（dhāraṇī）即為咒語之梵文音譯。

[177] 參見：《佛說摩利支天經》，（CBETA 2020.Q3, T21, no. 1255b, p. 260b23-c3）。

除了部分之文字，改用同音字外，整句咒語都相同，顯然可
見〈先天雷晶隱書〉，轉抄錄自不空所譯的《佛說摩利支
天經》。由上文之敘述，可以看到在元代末年，道教如何把
「斗姆」與「摩利支天」合而成一神。

明、清之時，更進一步把斗姥（姆）元君，描繪成過去
曾經在西天竺迦濕彌羅國（即舊名罽賓國），承侍奉過三寶
天尊，詳可參見〔清〕傅金銓，《九皇新經註解》〈孚佑上
帝純陽呂祖天師註〉卷上：「昔者斗姥元君在西竺彌羅之國
圓明清淨之天，修持玄靈妙道勤奉三寶天尊。」[178]

底下本文將要來談：「斗姆摩利支天」神祇又如何地成
為六十太歲星君之主神？

在本章開頭時，曾提到現今在台灣地區之元辰殿——
即六十太歲殿中，主神往往是祭祀著斗姆元君神祇，斗姆又
如何與六十太歲扯上關係？如前文所述及：斗姆元君不僅為
北斗七星之母，還是勾陳天皇、北極紫微大帝之母，祂的神
格奇高無比，祂統領著天上的眾星宿，〈先天雷晶隱書〉中
云：「梵炁法主斗罡天后摩利支天大聖，北斗九皇星君，南
斗六司星君，東、西、中三斗星君」、[179]《九皇新經註解》

---

178 參見：〔清〕傅金銓，《九皇新經註解》〈孚佑上帝純陽呂祖天師
註〉卷上，1996.02.15.宜蘭碧霞宮影印本，頁：51。轉引自：石
宜鑫碩論，《台灣北部地區太歲信仰與造型研究》，頁：47。

179 參見：《道法會元》卷八十六〈先天雷晶隱書〉，收錄於《正統道
藏‧正乙部‧廖字號》，第四十九冊，台北：新文豐出版股份有限

〈孚佑上帝純陽呂祖天師註〉卷下亦載著：「紫光金尊摩利支天、大聖圓明道姆、統領九皇、三台、二十八宿聚會，東斗、西斗、南斗、中斗普皆來集。」[180]因此由祂來當北斗九曜[181]之主神，是十分合宜的。與北斗星同樣是十二年周轉一周天之「歲星」，二者皆被古人用來作為紀年之星辰，因之將「歲星」等同北斗星宿來看待，「歲星」理所當然可以置於以北斗九皇之母——斗姆元君為主神之下屬；而「太歲」是由「歲星」衍化而來的，就順理成章的奉祀於斗姆元君之下首。上文中亦曾述及台灣地區之太歲殿多受到北京白雲觀的「元辰殿」之設置的影響，而北京白雲觀之「元辰殿」則是1983年，由中國道教協會重建、重塑六十甲子太歲像，並將元辰（太歲）殿之中位改祀斗姆元君像，[182]即是由此理念而來。

　　另，斗姆元君像兩側之左右脇侍，由北斗星的左輔、右

公司，1995.04，頁：455。

[180] 參見：〔清〕傅金銓，《九皇新經註解》〈孚佑上帝純陽呂祖天師註〉卷下，1996.02.15.宜蘭碧霞宮影印本，頁：13。轉引自：石宜鑫碩論，《台灣北部地區太歲信仰與造型研究》，頁：47。

[181] 北斗七星加上左輔（洞明星）、右弼（隱光／隱元星）合稱北斗九曜。

[182] 據北京白雲觀志上記載：原民國初年時，位於西路之瑞聖殿中位祀奉之主神為四御之一的后土娘娘（后土皇帝祇）神像，其兩側則為「上輔先生太公姜真君」神像、「上清先生靈寶廖真君」神像，後毀於文革時期。斗姆元君神像則祀於東路之南極殿二樓之斗姆閣。

弼陪祀，此則可以從本章第一節中所引之《本命延生心經》
中之

> 「……天皇、紫微尊帝二星居斗口娑羅上宮……二星
> 分作餘暉，為左輔、右弼，為擎羊、陀羅，神化無
> 方，總領玄黃正炁……」

來做為依據，來說明。

第四章

斗姆與六十太歲造型略論

　　因六十太歲之信仰，屬於道教之民間信仰，其神祇之名諱、造像之造型，相較於佛教、或道教中之其他諸如：三清、玉皇大帝、太上老君等主要之大神祇來說，較不統一、各宮觀、寺廟多多少少有些許差異存在，不過因其為新興起之信仰，興起盛行之時間尚不是很長，且多是參考北京白雲觀之元辰殿式樣來設計、建造的，其間之差異性不是很大，多半是大同小異。本文將挑其中數個較具代表性之太歲殿（元辰殿）來介紹、敘述如下。

第一節　斗姆與其脅侍

　　如前文所述，斗姆最早出現於宋代之道經《本命延生心經》及《北斗本生真經》中，據《本命延生心經》中之描述斗姆略似為西王母之形象，然而據古籍《山海經》之描述：「西王母其狀如人，豹尾虎齒而善嘯，蓬髮戴勝，是司天之屬及五殘。」[183]其意云：西王母外形長相如人形，但長著像豹子的的長尾巴，及有如虎牙般的利齒，善於大聲嘶吼，滿頭蓬鬆之髮，頂戴著方帽，是管轄天下瘴癘之疾病和五種酷殘之災難的神，如此驚人的相貌！這是最早期之西王母形象，到了漢末、六朝之時，西王母之形象則有所改變，（可參見第三章之圖7）為一皇后、王母之形象，安詳地坐在龍車座上，頭上方有華蓋，左側有九尾狐狸（狐身有翼、九尾則分岐如樹枝），其下有玉兔（手持靈芝而立）、及嫦娥的化身——蟾蜍（代表月），另有代表日的三足金烏，及二名類似官員之人物跽坐著禮拜，一片祥和之氣氛；同時在此時期，也出現了東王公與之配對。

　　另據《北斗本生真經》則把斗姆描述為周御王之號為

---

[183] 參見：《山海經》〈西山經〉，台北：里仁書局，1995.04，頁：50。

「紫光夫人」的玉妃，明哲慈慧，儼然是一婷婷嫋嫋之王妃、宮婦。下圖圖8為南宋時大足石窟石門山之三清洞（10號洞）的斗姆之造像，在唐宋之時，斗姆造型為「正常」王母貴婦之相貌、形象，非為奇形異貌、或多首多臂之形貌。

圖8：南宋大足石窟石門山三清洞（10號）之斗姆。轉引自：石宜鑫碩論
《台灣北部地區太歲信仰與造型研究》，2011，p42。

　　到了元末，道書上把斗姆和佛教密教之摩利支天結
合，合而為一神，其形象也為之一變，變成三頭八臂之
密教神祇之樣貌。《道法會元》卷八十三〈先天雷晶隱
書〉：

　　「斗母摩利支天大聖，三頭八臂，手擎日、月、弓、
　　矢、金鎗、金鈴、箭牌、寶劍，著天青衣，駕火
　　輦，輦前有七白猪引車，使者立前聽令，現大圓光
　　內。」[184]

至此而後，斗姆之形象就一直以此類似之形象，而流傳至
今。為三頭八臂、或訛傳為四頭八臂（為一頭四面——
類似四面佛、或是一頭三面外在正面之上方再長出一小
頭），趺坐於蓮花座上；而摩利支天之坐騎——猪或猪車
則消失了。

　　另一方面，佛教之摩利支天形象，也從唐代早期之天女
形象，演變成中唐、宋代之密教多首多臂形象。底下本文將
略為介紹其形象之演變：

---

[184] 參見：《道法會元》卷八十三〈先天雷晶隱書〉，《正統道藏・正
　　乙部・廖字號》，第四十九冊，台北：新文豐出版股份有限公司，
　　1995.04，頁：420。

圖9：摩利支天。引自：《大正新修大藏經》圖像三，圖像No.124。

　　此圖為較早期之摩利支天圖像，摩利支天形象做天女
貌，左手持天扇，坐在蓮花座上。據唐代所譯之經中云：

　　　　「其作像法，似天女形，其像左手屈臂向上，
　　手腕當左乳前作拳，拳中把天扇，扇如維摩詰前天
　　女把扇。於扇當中作西國卍字，字如佛胸上卍字，
　　字四曲內，各作四箇日形一一著之，其天扇上作焰

光形。右手申臂，並申五指，指頭垂下，身長大小
一寸、二寸、乃至一肘——其中最好者，一、二寸
好。」、[185]

「若欲供養摩利支菩薩者。應用金或銀或赤銅。
或白檀香木或紫檀木等。刻作摩利支菩薩像。如天女
形可長半寸。或一寸二寸已下。於蓮花上或立或坐。
頭冠瓔珞種種莊嚴極令端正。左手把天扇。其扇如維
摩詰前天女扇。右手垂下揚掌向外。展五指作與願
勢。有二天女各執白拂侍立左右。」[186]

此為大藏經中之摩利支天圖像，正是經中所描述之造型，基
本上密教之風格不顯。

---

[185] 參見：大唐天竺三藏阿地瞿多譯，《陀羅尼集經》卷10，（CBETA
2020.Q1, T18, no. 901, p. 870b10-16）。

[186] 參見：唐三藏沙門大廣智不空譯，《佛說摩利支天經》，（CBETA
2020.Q3, T21, no. 1255b, p. 261b1-8）。

圖10：摩利支天。引自：《大正新修大藏經》圖像三，圖像No.125。

　　此圖中之摩利支天，三頭八臂，三面皆作人面（三面不同色），面有三目，有項（頭）光，手中持有弓、箭、叉、金剛杵、羂索及無憂樹花枝等手持物，站立於豬背上，已顯現出早期密教之風格了。

圖11：摩利支天騎金豬。引自：https://www.pcone.com.tw/product/
info/201120501876#ref=d_search_listdefault_1，2021.03.31.擷取。

　　此圖中之摩利支天，三頭八臂，二面為人面另一面為豬
面獠牙，面有三目，有項（頭）光，手中持有弓、箭等手持
物，趺坐騎在豬背上，為密教之風格。

圖12：摩利支天坐在七隻豬拉的座車。轉引自：石宜鑫碩論《台灣北部地區太歲信仰與造型研究》，2011，p44。

　　此圖中之摩利支天，三頭八臂，二面為人面另一面為豬面獠牙，面有三目，有項（頭）光，八隻手各作不同之手印，跌坐在七隻豬所拉的車上，為密教之風格。

圖13：摩利支天立像。18世紀，16cmH銅鍍金，現藏於北京故宮博物院，
　　　引自：羅文華編，《藏傳佛教造像》，圖149，2009.09.頁：245。

　　此圖中之摩利支天，三頭八臂，二面為人面另一面為
豬面，面有三目，有火焰型背光，八臂中除了右下二手掐
手印外、左上手手握披肩一角並作期剋印，其餘之手則分
別持有弓、箭、羂索及無憂樹花枝等手持物，立姿，車座
上有七隻豬，中央之豬頭上方有一御者，為十八世紀藏傳
密教之風格。

圖14：摩利支天菩薩，明成祖永樂九年至十年（1411～1412）泥金寫本
　　　《大乘經咒》插圖，現藏於：台北故宮博物院。轉引自：蕭登福，
　　　《太歲元辰與南北斗星神信仰》下，2017，頁：803，附圖六。

　　此圖中之摩利支天，三頭八臂，二面為人面另一面為豬
面，面有三目，有項（頭）光，八隻手或作手印、或持弓、
箭、羂索等手持物，趺坐在七隻豬所拉的車上，為密教之
風格。

上面所列舉之摩利支天，除了第一幅圖（圖9）外，均為密教之多首多臂的造像，其所據之經典略如下所舉：

〔宋〕天息災之《佛說大摩里支菩薩經》：

「摩里支菩薩，作忿怒相有三面，面有三目一作猪面利牙外出，舌如閃電，為大惡相。身出光焰周遍，照耀等十二箇月光。體著青衣偏袒，青天衣，光如大青寶等。身黃金色，種種莊嚴。臂有其八，右手持金剛杵、金剛鉤，左手持弓、無憂樹枝、羂索，頂戴寶塔，立月轉內。右足如舞踏勢，左足踏冤家身，阿闍梨念誦真言，作忿怒相。」、[187]

「摩里支菩薩，坐金色猪身之上，身著白衣頂戴寶塔。左手執無憂樹花枝，復有群猪圍繞。」、[188]

「菩薩各有三面三目內一猪面。皆現童女相具大勢力。各有群猪隨往」。[189]

底下將列舉出數尊道教之斗姆的造像，以供對照觀看：

---

[187] 參見：〔宋〕天息災之《佛說大摩里支菩薩經》卷1，（CBETA 2020.Q1, T21, no. 1257, p. 265c1-8）。

[188] 參見：〔宋〕天息災之《佛說大摩里支菩薩經》卷1，（CBETA 2020.Q3, T21, no. 1257, p. 263b7-9）。

[189] 參見：〔宋〕天息災之《佛說大摩里支菩薩經》卷2，（CBETA 2020.Q1, T21, no. 1257, p. 267 b24-25）。

圖15：1930年代北京白雲觀的斗姆姥（文革被毀之前的造像）。轉引
　　　自：陳峻誌博論《太歲的信仰溯源與祭祀空間——以臺灣為主的討
　　　論》，2014，頁：359，圖4-9。

　　此圖取自〔日〕石井昌子撰，《道教的神》，收入於福
井康順監修、朱越利譯之《道教（第一卷）》，頁：125。
為北京白雲觀之斗姆原塑像，原供奉於白雲觀內之東路的南
極殿二樓之斗姥閣，1983年重修後，重塑了斗姆神像（見下
圖），並被奉請移入西路之元辰殿（太歲殿）當主神，總領
六十甲子太歲。

圖16：北京白雲觀元辰殿現今所供奉之斗姆。引自：北京白雲觀搜狗網頁
https://pic.sogou.com/d?query=%E5%8C%97%E4%BA%AC%E7
%99%BD%E9%9B%B2%E8%A7%80%E6%96%97%E5%A7%A5
&forbidqc=&entityid=&preQuery=&rawQuery=&queryList=&st=&d
id=64，2021.04.08.擷取。

斗姆之造型，據《道法會元》卷八十三〈先天雷晶隱書〉中描述為：

> 「斗母摩利支天大聖，三頭八臂，手擎日、月、弓、矢、金鎗、金鈴、箭牌、寶劍，著天青衣，駕火輦，輦前有七白猪引車，使者立前聽令，現大圓光內。」

上圖之斗姆為三頭——一頭三面[190]（有些宮觀、寺廟之斗姆，亦有塑造成類似四面佛之一頭四面：見圖17、或一頭三面再加上正面頭上有一小頭；見圖18，），無猪車、火輦，而是趺坐在蓮花座上，八臂除了胸前之雙臂合十外，亦手擎日、月、持弓、矢、鎗、金剛鈴、令牌，且身著天青色之衣，造型與經典之描述非常雷同。

---

[190] 此三面，有些是同色，如：台北市松山慈祐宮之斗姆三面皆為粉面——肉色、膚色、台北市木柵指南宮之斗姆（其中之二尊）則三面皆為金色；有些是三面不同色，如：新北市板橋慈惠宮之斗姆為粉（正面）、黑（左面）、紅（右面）三面各不同色。

圖17：一頭四面之斗姆神像。本文作者自攝於新北市樹林鎮南宮，
　　　2021.05.07。

圖18：一頭三面再加上正面頭上有一小頭之斗姆。本文作者自攝於台北市
木柵指南宮，2021.04.30。（按：指南宮共計有三尊斗姆，其餘兩
尊均僅為一頭三面──三頭）

　　由上述所列舉之道教之斗姆元君造像與佛教摩利支天造
像來對比觀看，兩者之造型幾乎可說是非常類似，除了無豬
面與豬車外，幾乎無二致。

　　底下為斗姆元君之左右二脅侍，左輔洞明星君、右弼隱
光元星君：

圖19：左輔洞明星君（咬牙），（台南市土城正統鹿耳門聖母廟）。引
自：方文科，《道教六十星宿神像與十二生肖圖》，1998，p17。

圖20：右弼隱光星君（切齒），（台南市土城正統鹿耳門聖母廟）。引
自：方文科，《道教六十星宿神像與十二生肖圖》，1998，p18。

　　北斗七星之左輔（洞明星宿——俗曰咬牙）、右弼（隱
光／隱元星宿——俗曰切齒）神像，在1983年北京白雲觀重
修後，被奉為斗姆元君之左右脇侍神祇。上二圖之尊像為台
南市土城正統鹿耳門聖母廟所祀奉之神像，非為北京白雲觀
所祀，然彼等多為參考北京白雲觀而塑造之像，大略相似。

圖21：台北市松山慈祐宮斗姆。本文作者自攝於慈祐宮，2021.04.05。

　　台北市松山慈祐宮斗姆元君，三頭（各有三目）八臂，胸前二臂合十，最上之左右二臂各擎日、月，其餘中二左臂分執令牌與筆，中二右臂分別持金剛鈴與戟；趺坐在蓮花座上。

圖22：台北市松山慈祐宮左輔星君。　　圖23：台北市松山慈祐宮右弼星
　　　本文作者自攝於慈祐宮，　　　　　　　君。本文作者自攝於慈祐
　　　2021.04.05。　　　　　　　　　　　宮，2021.04.05。

　　慈祐宮左輔星君四頭（三面再加上頭頂上之一小頭）
八臂，前左手持金剛鈴於胸前，其餘之手各作手印。身著盔
甲、金漆、立姿。

　　慈祐宮右弼星君三頭六臂，前右手持劍執於胸前，其餘
之手各作手印。身著盔甲、金漆、立姿。

圖24：台北市松山慈祐宮斗姆閣，主神斗姆及左輔、右弼供奉配置。本文
作者自攝於慈祐宮，2021.04.05。

　　上面之圖為台北市松山慈祐宮太歲殿之主神位（中位）
配置圖，六十太歲神像分成兩半，分置於主神斗姆元君神像
之左、右後方之兩側殿。值年太歲星君則置於太歲殿入口內
側右邊壁龕中（斗姆元君左手側之牆壁壁龕中）。

圖25：香港蓬瀛仙館元辰殿斗姆、左輔、右弼及六十太歲神像。引自：陳
　　　蓮笙、黎顯華、張繼禹領受，《太歲神傳略》，2005，封面。

　　此圖為香港蓬瀛仙館元辰殿之斗姆、左輔、右弼及六十
太歲神像之排列布置式樣，大致上台灣之元辰殿、太歲殿
（亦有曰斗姆殿）之排列布置略同：以斗姆元君為主神置於
殿之正中，左、右侍以左輔、右弼，主壇之後方及兩旁依序
排列六十甲子太歲神像。[191]

---

[191] 也有一些例外，如高雄鼓壽宮以殷郊為主神、台灣首廟天壇斗姆則
　　以南、北斗星君為陪祀，等等。參見：陳峻誌博論，《太歲的信仰
　　溯源與祭祀空間——以臺灣為主的討論》，表4-6，頁：169-171。

第二節　六十太歲之造型比照

　　直到上個世紀中葉，所留存之六十甲子太歲神像甚少，除了在江南地區吳地（江浙地區），有一組線雕之石板雕像外，可能就只有北京白雲觀有一組完整之六十甲子太歲之塑像留存下來，但北京白雲觀這組神像不幸毀於「文革」時期，不過幸好尚有一組原「清宮如意館」之六十甲子太歲之掛畫，[192]完好的留存下來，1983年中國道教協會，即依此掛畫作為藍本，重新塑造六十甲子太歲神像，塑像高三尺九寸，式樣皆依照「清宮如意館」掛畫之坐式造像。據王宜娥研究《道教的造像藝術》，稱許為「近年道教造像中較好的作品」（中國道教總九）。[193]在二十世紀末期之後，在香港、[194]台灣地區興起安太歲、拜太歲、點太歲燈之風氣時，多以此六十甲子太歲塑像為參考或直接仿雕塑造。

　　下表列出「清宮如意館」之掛畫、北京白雲觀之塑像、江南吳地之線雕石板像、及台北市木柵指南宮所自創之立姿太歲造像，供讀者對照、比較、參考：

---

[192] 可能是水陸法會用之掛畫。

[193] 參見：李豐楙，〈安太歲的信仰與習俗〉，《關係我》第43期，頁：28。

[194] 香港地區不稱為「安太歲」，而是稱為「攝太歲」，不過其意義相同。

※1	清宮如意館 太歲畫像 ※2	北京白雲觀 太歲像 ※3	吳地太歲 石雕像 ※4	木柵指南宮 太歲像 ※5
甲子 太歲 星君 金辯				
乙丑 太歲 星君 陳林	 *1		 *29	
丙寅 太歲 星君 沈興	 *2			

※1	清宮如意館 太歲畫像 ※2	北京白雲觀 太歲像 ※3	吳地太歲 石雕像 ※4	木柵指南宮 太歲像 ※5
丁卯 太歲 星君 耿章	 *2			
戊辰 太歲 星君 趙達				
己巳 太歲 星君 郭燦				

※1	清宮如意館 太歲畫像 ※2	北京白雲觀 太歲像 ※3	吳地太歲 石雕像 ※4	木柵指南宮 太歲像 ※5
庚午 太歲 星君 王清	 *3			
辛未 太歲 星君 李熹	 *4			
壬申 太歲 星君 劉玉	 *5			

※1	清宮如意館 太歲畫像 ※2	北京白雲觀 太歲像 ※3	吳地太歲 石雕像 ※4	木柵指南宮 太歲像 ※5
癸酉 太歲 星君 康忠	 *6			
甲戌 太歲 星君 詹廣	 *7			
乙亥 太歲 星君 伍保	 *8			

※1	清宮如意館 太歲畫像 ※2	北京白雲觀 太歲像 ※3	吳地太歲 石雕像 ※4	木柵指南宮 太歲像 ※5
丙子 太歲 星君 郭嘉	*9			
丁丑 太歲 星君 汪文	*9		*30	
戊寅 太歲 星君 曾光	*10			

※1	清宮如意館太歲畫像 ※2	北京白雲觀太歲像 ※3	吳地太歲石雕像 ※4	木柵指南宮太歲像 ※5
己卯太歲星君方仲	*11		大 大 利 吉	
庚辰太歲星君董德			大 大	
辛巳太歲星君鄭祖	*12		大 大 利 吉	

※1	清宮如意館 太歲畫像 ※2	北京白雲觀 太歲像 ※3	吳地太歲 石雕像 ※4	木柵指南宮 太歲像 ※5
壬午 太歲 星君 陸明				
癸未 太歲 星君 魏仁				
甲申 太歲 星君 方傑			*31	

※1	清宮如意館 太歲畫像 ※2	北京白雲觀 太歲像 ※3	吳地太歲 石雕像 ※4	木柵指南宮 太歲像 ※5
乙酉太歲星君蔣崇				
丙戌太歲星君白敏				
丁亥太歲星君封濟				

※1	清宮如意館太歲畫像 ※2	北京白雲觀太歲像 ※3	吳地太歲石雕像 ※4	木柵指南宮太歲像 ※5
戊子太歲星君鄭鐘	*13			
己丑太歲星君潘佑	*14			
庚寅太歲星君鄔柏	*15			

※1	清宮如意館 太歲畫像 ※2	北京白雲觀 太歲像 ※3	吳地太歲 石雕像 ※4	木柵指南宮 太歲像 ※5
辛卯 太歲 星君 范甯			 *32	
壬辰 太歲 星君 彭泰				
癸巳 太歲 星君 時髦	 *16			

※1	清宮如意館太歲畫像 ※2	北京白雲觀太歲像 ※3	吳地太歲石雕像 ※4	木柵指南宮太歲像 ※5
甲午太歲星君章嗣				
乙未太歲星君楊賢	 *17		 *33	
丙申太歲星君管仲				

※1	清宮如意館 太歲畫像 ※2	北京白雲觀 太歲像 ※3	吳地太歲 石雕像 ※4	木柵指南宮 太歲像 ※5
丁酉 太歲 星君 唐傑			 *34	
戊戌 太歲 星君 姜武				
己亥 太歲 星君 謝燾	 *18			

※1	清宮如意館 太歲畫像 ※2	北京白雲觀 太歲像 ※3	吳地太歲 石雕像 ※4	木柵指南宮 太歲像 ※5
庚子 太歲 星君 虞超	*19			
辛丑 太歲 星君 楊信				
壬寅 太歲 星君 賀諤				

※1	清宮如意館太歲畫像 ※2	北京白雲觀太歲像 ※3	吳地太歲石雕像 ※4	木柵指南宮太歲像 ※5
癸卯太歲星君皮時				
甲辰太歲星君李成	*20			
乙巳太歲星君吳遂				

※1	清宮如意館 太歲畫像 ※2	北京白雲觀 太歲像 ※3	吳地太歲 石雕像 ※4	木柵指南宮 太歲像 ※5
丙午 太歲 星君 文祈				
丁未 太歲 星君 繆丙				
戊申 太歲 星君 俞昌	*21			

※1	清宮如意館太歲畫像 ※2	北京白雲觀太歲像 ※3	吳地太歲石雕像 ※4	木柵指南宮太歲像 ※5
己酉太歲星君程寶				
庚戌太歲星君倪秘			*35	
辛亥太歲星君葉堅				

※1	清宮如意館 太歲畫像 ※2	北京白雲觀 太歲像 ※3	吳地太歲 石雕像 ※4	木柵指南宮 太歲像 ※5
壬子 太歲 星君 邱德	 *22			
癸丑 太歲 星君 朱雍	 *23			
甲寅 太歲 星君 張朝				

※1	清宮如意館 太歲畫像 ※2	北京白雲觀 太歲像 ※3	吳地太歲 石雕像 ※4	木柵指南宮 太歲像 ※5
乙卯 太歲 星君 萬清			 *36	
丙辰 太歲 星君 辛亞				
丁巳 太歲 星君 易彥	 *24			

※1	清宮如意館 太歲畫像 ※2	北京白雲觀 太歲像 ※3	吳地太歲 石雕像 ※4	木柵指南宮 太歲像 ※5
戊午 太歲 星君 黎卿				
己未 太歲 星君 傅儻	 *25		 *37	
庚申 太歲 星君 毛粹	 *26			

※1	清宮如意館 太歲畫像 ※2	北京白雲觀 太歲像 ※3	吳地太歲 石雕像 ※4	木柵指南宮 太歲像 ※5
辛酉 太歲 星君 石政				
己未 太歲 星君 傅儻	 *27		 *38	
庚申 太歲 星君 毛粹	 *28			

表3：六十太歲大將軍圖像對照圖表。（本圖表本文作者自製）

※1.本欄所列出之六十甲子太歲名諱，乃依據表2，柳守元撰之《太上靈華至德歲君解厄延生法懺》上所列之太歲名諱為準。

※2.本欄所列出之六十甲子太歲圖像，為「清宮如意館藏之掛畫卷中之六十甲子太歲圖像」。其中有部分之太歲名諱與柳守元所撰之太歲名諱有出入，然此多屬於魯魚亥豕之差異，詳請參見以下之附註。另，本欄之「清宮如意館」之太歲名諱，不管文官、武將，皆以「大將軍」稱呼。[195]本欄之圖像引自：中國道教協會編，《道教神仙畫集》，北京：華夏出版社，1995.04。頁：143-157。

※3.本欄所列出之六十甲子太歲圖像，為北京白雲觀之六十甲子太歲塑像（1984年之新塑像），因其乃是依據「清宮如意館之六十甲子太歲圖像」雕塑而成的，故其太歲名諱與「清宮如意館藏之六十甲子太歲之圖像」相同。本欄之圖像引自：北京白雲觀之網頁https://pic.sogou.com/，2021.04.08.擷取。

※4.本欄所列出之六十甲子太歲圖像，為高燮出主編，《吳地民間偶像藝術》[196]中之六十甲子太歲線雕石板圖像，這些圖像據云：「乃自中國大陸江南一帶（即吳地——江浙一代）所輯得。」[197]本欄之圖像轉引自：黃志賢總編輯，《中國諸神雕畫全集》下，台北：道觀出版社，2001.10，頁：39-68。

※5.本欄所列出之六十甲子太歲圖像，為台北市木柵指南宮凌霄寶殿一樓之太歲殿中之六十甲子太歲雕像，為指南宮所特創之「立姿」太歲像，之所以不同於其他宮觀、寺廟之「坐姿」太歲，據指南宮管理委員會之張寶樂先生的說法：太歲是動態的、六十年行一周，不是坐著不動的，所以指南宮特創出立姿——立於雲煙繚繞之行雲間的太歲。因其亦為參考「清宮如意館之六十甲子太

---

195 參見：董中基，〈白雲觀裡祭歲星〉云：「……道教又把太歲稱為『大將軍』，《神樞經》曰：『大將軍者，歲之大將也。』」，此文收入文史知識文庫，《道教與傳統文化》中，頁：343。

196 參見：陳鶴文碩論，《臺灣地區六十太歲信仰之研究——以臺南都會區為例》，頁：50。

197 參見：陳鶴文碩論，《臺灣地區六十太歲信仰之研究——以臺南都會區為例》，頁：154。

歲圖像」而創造雕塑的，故其太歲名諱亦與如意館相同。本欄之
圖像引自：指南宮管理委員會編印，《六十太歲神》，2007，
頁：11-70。於此特別感謝指南宮管理委員會之張寶樂先生提供此
書，作為本文圖像之引用。

*1. 本圖卷中乙丑太歲名諱作陳材。
*2. 本圖卷中丙寅與丁卯太歲之名諱正好與柳守元的對調（但干支名
　　稱、圖像則沒錯）。
*3. 本圖卷中庚午太歲名諱作王濟。
*4. 本圖卷中辛未太歲名諱作李素。
*5. 本圖卷中壬申太歲名諱作劉旺。
*6. 本圖卷中癸酉太歲名諱作康志。
*7. 本圖卷中甲戌太歲名諱作施廣。
*8. 本圖卷中乙亥太歲名諱作任保。
*9. 本圖卷中丙子與丁丑太歲圖像需對調；（因丁丑屬牛，頭冠上有
　　牛）。北京白雲觀之此二太歲神像也跟著如意館之圖像而弄顛倒
　　（事實上大部分之宮觀、寺廟都如此，將錯就錯、以訛傳訛。）。
*10. 本圖卷中戊寅太歲名諱作魯先。
*11. 本圖卷中己卯太歲名諱作龍仲。
*12. 本圖卷中辛巳太歲名諱作鄭但。
*13. 本圖卷中戊子太歲名諱作鄒鐺。
*14. 本圖卷中己丑太歲名諱作傅佑。
*15. 本圖卷中庚寅太歲名諱作鄔桓。
*16. 本圖卷中癸巳太歲名諱作徐單。
*17. 本圖卷中乙未太歲名諱作楊仙。
*18. 本圖卷中己亥太歲名諱作謝太。
*19. 本圖卷中庚子太歲名諱作盧秘。
*20. 本圖卷中甲辰太歲名諱作李誠。
*21. 本圖卷中戊申太歲名諱作徐浩。
*22. 本圖卷中壬子太歲名諱作丘德。
*23. 本圖卷中癸丑太歲名諱作朱得。
*24. 本圖卷中丁巳太歲名諱作楊彥。

*25. 本圖卷中己未太歲名諱作傅黨。
*26. 本圖卷中庚申太歲名諱作毛梓。
*27. 本圖卷中壬戌太歲名諱作洪充。
*28. 本圖卷中癸亥太歲名諱作虞程。
*29. 本圖卷中乙丑太歲名諱作陳才。
*30. 本圖卷中丁丑太歲名諱作湯金。
*31. 本圖卷中甲申太歲名諱作方查。
*32. 本圖卷中辛卯太歲名諱作范守。
*33. 本圖卷中乙未太歲名諱作付賞（名諱與己未太歲正好對調）。
*34. 本圖卷中丁酉太歲名諱作唐查。
*35. 本圖卷中庚戌太歲名諱作兒秘（按：「兒」可能是「倪」之誤
　　 雕）。
*36. 本圖卷中原圖之上半段印反面了，本文已作修正了。
*37. 本圖卷中己未太歲名諱作楊仙（名諱與乙未太歲正好對調）。
*38. 本圖卷中壬戌太歲名諱作洪沖。

第三節　斗姆與太歲之手持物

通常宗教信仰之神像，尤其是佛教之密教與道教之造像，幾乎是沒有空手的（至少有持手印Mudra），神像皆有手持物，或為鎮物、吉祥物、兵器、法器乃至於手印；其衣飾、頭冠亦常會有特徵或象徵物。下文將就斗姆與六十太歲造像之手持物分別作一介紹：

一、斗姆

底下本文將略舉佛教之摩利支天與道教斗姆之手持物，作個對比：

摩利支天之手持物，據〔宋〕天息災之《佛說大摩里支菩薩經》上云：「右手持金剛杵、金剛鉤，左手持弓、無憂樹枝、羂索」，而觀本文上文第四章第一節中所列舉之摩利支天圖像，則除了上述經文所述之手持物外，另外有上方之雙手掐手印、胸前之雙手合十之手姿形象。

而道教之斗姆之手持物，則據《道法會元》卷八十三〈先天雷晶隱書〉中描述為：「手擎日、月、弓、矢、金鎗、金鈴、箭牌、寶劍。」不過一般宮觀、寺廟在造像時，

多半會有點小差異，例如北京白雲觀之斗姆為：上二手，左手擎日、右手擎月；胸前二手合十持手印；其餘四手，分別持金剛鈴、令牌、弓矢、長槍（參見：圖16）。又如台北市松山慈祐宮之斗姆則：上二手，左手擎日、右手擎月；胸前二手合十持手印；其餘四手，分別持金剛鈴、令牌、戟、筆（參見：圖21）。新北市樹林鎮南宮斗姆則：上二手，左手擎日、右手擎月；胸前二手合十持手印；其餘四手，分別持金剛鈴、法印、弓矢、長槍（參見：圖17）；各宮觀、寺廟斗姆之間的手持物，基本上大同小異，但對比佛教之摩利支天，最大的不同之處，為斗姆最上方之二手，分別擎日及月，摩利支天則多為掐手印。

　　此中之意義為：斗姆為北斗九皇之母，祂統領了天上眾星宿，包括了七曜（或曰九曜、十一曜）之首「日」與「月」。而摩利支天僅是佛教諸天之一，「日前有天名摩利支，有大神通自在之法，常行日前，日不見彼、彼能見日、行於日」，祂僅是行於日前，能蔽於日而已，並不能統御日、月，故無法手擎日、月。但是在敦煌莫高窟之初盛唐三二一窟中之〈寶雨經變相圖〉中有一日月光天子（現女身相），[198]雙手高舉擎著日、月之經變相圖像（見下圖26中之

---

[198] 參見：《佛說寶雨經》卷1：「東方有一天子名曰月光，乘五色雲來詣佛所，右遶三匝，頂禮佛足，退坐一面。佛告天曰：「汝之光明甚為希有！天子！汝於過去無量佛所，曾以種種香花、珍寶、嚴

紅色圈圈內之圖像），與宋、元時之斗姆上二手擎日、月之
樣貌相同，不知道教斗姆之圖像，是否有受此經變相圖影
響，有待進一步之論證。

圖26：日月光天子雙手高舉擎日月經變相圖。引自：《敦煌石窟藝術莫高
窟第三二一、三二九、三三五窟》中之圖一五〈第三二一窟主室寶
雨經變南壁〉。

　　圖中紅圈內之日月光天子雙手高舉擎著日月；此正是武
則天創造出其名諱「武曌」之「曌」字之由來。
　　其餘所持之物分別為法器（如：金剛杵、金剛鉤、羂

身之物，衣服、臥具、飲食、湯藥，恭敬供養，種諸善根。天子！
由汝曾種無量善根因緣，今得如是光明照耀。天子！以是緣故，我
涅槃後、最後時分、第四五百年中，法欲滅時，汝於此瞻部洲東
北方摩訶支那國，位居阿耨跋致，實是菩薩，故現女身，為自在
主。」（CBETA 2020.Q3, T16, no. 660, p. 284b13-22）

索、金剛鈴、令牌、法印等）、武器（如：弓、矢、戟、長槍等）、筆（用來畫符），這些都是用來召令、震攝、威嚇、收服鬼神用的，而無憂樹枝則是來灑淨、安撫眾生之用。

二、六十甲子太歲

　　這些太歲們各宮觀、寺廟之差異性則稍大些，一方面有太歲名諱不同之差異（同一神君但名諱有異甚或是不同之神君），另一方面有太歲造型不同之差異（手持物、特徵不一樣）。不過大體上，也是像不同宮觀、寺廟之斗姆神君造像上之差異，基本上仍然是大同小異。本文底下將以「清宮如意館」之掛畫（現今各宮觀、寺廟造像之最早的參考藍本）為例，列舉於下：

六十干支 太歲	手持物 或特徵	六十干支 太歲	手持物 或特徵	六十干支 太歲	手持物 或特徵
甲子太歲	璽書 *1 雙眼有雙手 *2	乙丑太歲	長槍	丙寅太歲	手香爐 *3
丁卯太歲	戟 戴兔頭冠	戊辰太歲	龍	己巳太歲	長棍
庚午太歲	書畫卷軸	辛未太歲	鋼鞭 戴羊頭冠	壬申太歲	書卷
癸酉太歲	令旗	甲戌太歲	笏板	乙亥太歲	鋼鐧
丙子太歲 *4	葫蘆	丁丑太歲 *4	金瓜槌 戴牛頭冠	戊寅太歲	手印
己卯太歲	麾	庚辰太歲	盂（淨水）	辛巳太歲	書畫卷軸
壬午太歲	幡	癸未太歲	如意 戴羊頭冠	甲申太歲	筆擱
乙酉太歲	雙枴	丙戌太歲	芭蕉扇	丁亥太歲	鋼鞭 戴豬頭冠
戊子太歲	手勢	己丑太歲	鈎槍 戴牛頭冠	庚寅太歲	桃枝
辛卯太歲	劍	壬辰太歲	龍	癸巳太歲	軟鞭
甲午太歲	琴	乙未太歲	劍 戴羊頭冠	丙申太歲	如意
丁酉太歲	長槍 戴雞頭冠	戊戌太歲	笏板	己亥太歲	手印 戴豬頭冠
庚子太歲	彎月刀	辛丑太歲	筆	壬寅太歲	劍、蛇 *5 戴虎帽
癸卯太歲	手印	甲辰太歲	劍	乙巳太歲	蛇矛 纏繞蛇
丙午太歲	關刀 戴馬頭冠	丁未太歲	仙桃	戊申太歲	花籃、藥鋤
己酉太歲	手勢	庚戌太歲	令牌	辛亥太歲	蛇矛
壬子太歲	寶珠	癸丑太歲	金瓜槌	甲寅太歲	袖手（作揖）

六十干支太歲	手持物或特徵	六十干支太歲	手持物或特徵	六十干支太歲	手持物或特徵
乙卯太歲	兔子	丙辰太歲	花枝	丁巳太歲	荷花
戊午太歲	長棍 盔甲有馬頭	己未太歲	長槍	庚申太歲	劍
辛酉太歲	手印	壬戌太歲	手勢	癸亥太歲	柳枝

表4：六十太歲造像之手持物及衣飾、頭冠之特徵。（本表本文作者自製）

〔附註〕：

*1 甲子太歲金辨大將軍傳略：「……寧夏舊有五渠，而鳴沙州、七星漢、伯石灰三渠淤。濂（案：金辨亦名金濂）請浚之，溉蕪田一千三百餘頃。時詔富民輸米助賑千石以上，褒以『璽書』。」參見：陳蓮笙、黎顯華、張繼禹領受，《太歲神傳略》，北京：宗教文化出版社，2005.09，頁：3。

*2 甲子太歲金辨之形象，雙眼之眼眶中沒有眼珠，而是各伸出一隻手，手心長有眼。據明代之《封神演義》九十九回〈姜子牙歸國封神〉云：「特敕封……爾楊任為甲子太歲之神……」（四、頁：229），八十回〈楊任下山破瘟司〉：「……不才便是上大夫楊任，因紂王失政，起造鹿臺，我等直諫，昏君將吾剜去二目，多虧道德真君救吾上山，將兩粒仙丹納放目中，故此生出手中之眼耳。」（三、頁：300）。然而不知道為何到了清代柳守元扶鸞定太歲名諱之時，把甲子太歲之名諱改為金辨。

*3 丙寅太歲手持物，石宜鑫在其碩論《台灣北部地區太歲信仰與造型研究》中作「煙斗」（參見：頁：112-113），本文認為應視為「手香爐」才正確，此「手香爐」在敦煌壁畫中亦多處可見，如：隋之397窟、唐之220窟、宋之146窟均有。

*4 丙子太歲與丁丑太歲，如意館原圖將之錯置，觀其圖像樣式（戴有牛冠飾者，應為丙子太歲才是），兩者需對調才正確。

*5 壬寅太歲生肖為虎，其左手握一條白蛇，有點奇怪。

這些手持物及衣冠、服飾特徵大略可歸類於下：

一、鎮物：日、月、桃枝、柳枝、葫蘆、盌（淨水）、
　　令牌、笏板。

二、吉祥物：璽書、如意、寶珠、荷花苞、蓮花、仙
　　桃、花籃／藥鋤。

三、文人之寶：筆、書卷、畫軸、琴、扇。

四、武器：弓矢、戟、長槍、戈槍、蛇矛、偃月刀、彎
　　刀、劍、鐧、鋼鞭、軟鞭、筆摑、金瓜槌、棍、
　　枴、麾、令旗。

五、法器：手香爐、金剛鈴、幡、令旗、手印、手勢。

六、生肖：牛、虎、兔、龍、蛇、馬、羊、雞、豬。

　　手持物，一般是用來在醮壇上，配合作醮、經讖、科儀
之用，上可召神遣將、下可驅魔除邪（如：金剛鈴、令旗、
手香爐等物）；或行法術、施符籙時之道具（如：葫蘆、
筆、幡等物）；或鎮煞、制邪之法器（如：桃枝、令牌、各
式之武器等物）；亦有用來祈福或灑淨之用物（如：笏板、
蓮花、柳枝、盌等物）；或為吉祥物（如：如意、寶珠、仙
桃等物）；至於生肖則是用於配合干支行年之象徵（如：丑
年為牛、寅年為虎……等等）。

第五章

台灣太歲信仰之沿革與演變

　　台灣自明末清初，鄭成功移師據台抗清之時，就陸陸續續從福建、廣東有移民入台，清代初時康熙二十三年（1684）清廷派遣施琅帶軍攻滅明鄭政權後，並將台灣納入版圖，雖然康熙公布了移民政策，即「不許偷渡、不許攜眷、不許粵民來臺」，還是不斷有福建、廣東沿海移民來台，不過為數不算多。到了光緒元年（1875），沈葆楨出任臺灣欽差大臣，認為必須取消過去移民禁令，才能落實「開山撫番」政策，才能開發台灣，並控制、管理台灣。沈葆楨因之奏請求解除移民台灣之禁令，獲得朝廷之准許；自此即開始有大量之福建、廣東沿海之移民來台，直到清

光緒二十一年（1895）簽訂馬關條約，割讓給日本，才停止有大量之移民來台。可以說台灣大部分之人口，皆來自明末、清初及光緒年前期之福建、廣東之居民。因此，在生活習俗、民俗信仰上，多延續自中國大陸，尤其是來自福建、廣東地區；台灣地區的太歲信仰也是不例外。

第一節　五、六○年代（1970）
　　　　以前之太歲信仰

　　台灣之太歲信仰，主要是延續自大陸明、清時期之太歲信仰，自明初之時，朝廷把太歲之祭拜納入國家祭典之中，也規定了地方府、州、縣須定時祭拜。據《明史》〈禮志〉載：

　　「洪武……六年，禮部尚書牛諒奏，太歲諸神，凡祈報，則設一十五壇，有事祭告，則設神位二十八壇。中太歲、風雲雷雨、五嶽、五鎮、四海，凡五壇……東，四瀆……西，鐘山……等神，凡十一壇。若親祀，皇帝皮弁服行一獻禮，每三壇行一次禮。八年，帝駐蹕中都，祭告天地於中都之圜丘。九年，以諸王將之藩，分日告祭太廟、社稷、嶽鎮海瀆及天下名山大川，復告祀天地於圜丘。初，諸王來朝還藩，祭真武等神於端門，用豕九、羊九、制帛等物，祭護衛旗纛於承天門，亦如之。二十六年，帝以其禮太繁，定制豕一、羊一，不用帛。尋又罷端門祭，惟用葷素二壇祭於承天門外。」、

「永樂中，建壇京師，如南京制，在太歲壇
西南。石階九級。西瘞位，東齋宮、鑾駕庫，東北
神倉，東南具服殿，殿前為觀耕之所。護壇地六百
畝，供黍稷及薦新品物地九十餘畝。每歲仲春上戊，
順天府尹致祭。後凡遇登極之初，行耕耤禮，則親
祭。」、

「嘉靖九年，帝謂『大報天而主日，配以月。
大明壇當與夜明壇異。且日月照臨，其功甚大。太
歲等神，歲有二祭，而日月星辰止一從祭，義所不
安。』……」[199]

在《清史稿》中亦有：

「清初定制，凡祭三等：圜丘、方澤、祈穀、太
廟、社稷為大祀。天神、地祇、太歲、朝日、夕月、
歷代帝王、先師、先農為中祀。先醫等廟，賢良、
昭忠等祠為群祀。乾隆時，改常雩為大祀，先蠶為中
祀。咸豐時，改關聖、文昌為中祀。光緒末，改先師
孔子為大祀，殊典也。天子祭天地、宗廟、社稷。有

---

[199] 參見：〔清〕張廷玉等撰，《明史》〈志第二十五　禮三吉禮
三〉，台北：臺灣商務印書館股份有限公司，1981.01，頁：
518。

故，遣官告祭。中祀，或親祭、或遣官。群祀，則皆遣官。」、

「中祀十有二：春分朝日，秋分夕月，孟春、歲除前一日祭太歲、月將，春仲祭先農，季祭先蠶，春、秋仲月祭歷代帝王、關聖、文昌。」、[200]

「太歲殿位先農壇東北，正殿祀太歲，兩廡祀十二月將。順治初，遣官祭太歲，定孟春為迎，歲暮為祖。歲正月，書神牌曰『某干支太歲神』，如其年建。歲除祭畢，合祝版燎之。凡祭，樂六奏，承祭官立中階下，分獻官立甬道左右，行三跪九拜禮。初獻即奠帛，讀祝，錫福胙，用樂舞生承事，時猶無上香儀也。」、

「乾隆十六年，禮臣言同屬天神，不宜有異，自是二祭及分獻皆上香。太歲、月將神牌，舊儲農壇神庫，至是亦以殿廡具備，移奉正屋。臨祭，龕前安神座。畢，復龕。舊制，祭太歲遣太常卿行禮，兩廡用廳員分獻。二十年，改遣親王、郡王承祭。次年，定太常卿為分獻官。

雍、乾以來，凡祈禱，天神、太歲暨地祇三壇並舉，遣官將事，陪祀者咸與焉。前期邸齋一日，承祭

---

[200] 參見：〔民國〕趙爾巽撰，《清史稿》〈志五十七〉，北京：中華書局，1998，頁：2485。

官拜位。天神壇在南階下，太歲與常祀同，俱三跪九
拜。天神用燎，太歲兩廡不分獻，不飲福、受胙。」[201]

由上述之明史、清史中來看，在明、清朝廷官方對太歲之祭
祀，已非常之重視，把太歲當成歲神（時間神祇）來祭祀。

另，〔清〕趙翼（1727～1824）在《陔餘叢考》〈太歲
大將軍〉：

「術家有太歲大將軍之說，動土者必避其方。按《漢
書‧天文志》：『在寅為攝提格、在卯曰單閼、在辰
曰執徐、在巳曰大荒落。』又《匈奴傳》：『單于來
朝，舍之太歲厭勝所在。』又王充移徙法云：『抵太
歲凶、負太歲亦凶，抵太歲名曰歲下，負太歲名曰歲
破。』世俗起土興工，凡歲月所食之地，必有死者。
如太歲在子，歲食於酉。正月建寅，則月食於巳。子
寅之地興功，則酉、巳之家見食。必須作厭勝之法，
懸五行之物，如歲月食西家，西家懸金；食東家，東
家懸炭。」[202]

---

[201] 參見：〔民國〕趙爾巽撰，《清史稿》〈志五十八〉，北京：中華
書局，1998，頁：2515。
[202] 參見：〔清〕趙翼撰，《陔餘叢考》卷三十四，石家莊：河北人民
出版社，2006.06，頁：691-692。

據此則是把太歲視為「方位神」（空間神祇）。

　　台灣雖地處邊陲，然因台灣之居民多來自福建、廣東沿海，隨著他們的到來，也帶來了太歲之信仰，於清代之《重修台灣縣志》中云：

> 「風、雲、雷、雨、山川、城隍同壇，在社稷壇之右（按風師、雨師，見於《周官》），後世皆有祭。至唐天寶中，始增雷師於雨師之次。宋、元因之；然唐制各以時別祭。明洪武初，乃增雲師於風師之次，合祭於太歲月將壇。嘉靖十年，別建太歲月將壇，命王國、府、州、縣，亦祀風、雲、雷、雨師。唐山川與雨師、雷師合祀；宋山川與社稷合祀；元以風、雨、雷師祔社稷，而別祀山川；明洪武二年，以天下山川、城隍祔祭嶽鎮海瀆壇；十八年，定王國祭山川，儀同社稷，但無埋瘞之文。凡嶽鎮海瀆及山川所在，令有司歲二祭。國朝順治初，定風、雲、雷、雨、山川、城隍，共為一壇。制高二尺五寸、方廣二丈五尺，坐北向南，四出陛：南向五級、東西北各三級（每歲春秋仲月致祭。設神牌，赤質金字。雍正二年奏准，風、雲、雷、雨之神居中，本府本縣境內山川之神居左，本府本縣城隍之神居右，祭畢奉各神牌藏於城隍廟）。康熙五十年，巡道陳璸建（邑附郭，不

別為壇）。」[203]

依此知太歲與風、雲、雷、雨師合祀於太歲月將壇，設壇不設廟，按時加以祭祀，且設神牌而不塑像，祀後收藏起來。民國初年之後，所有的官方祭祀皆廢除了，民間雖有太歲之信仰，但並無特別個人祭拜之太歲之習俗，更無所謂之「安太歲」之習俗。

　　台灣在日治時期時，據日本民俗學者片岡巖撰之《台灣風俗誌》之〈年節以外的祭日〉中載有：「六月十八日太歲殷元帥……七月十九日為值年太歲」誕辰日之記載、[204]〈臺灣的儒教〉中亦云：

「儒教崇拜的神明（一）崇拜自然現象　1.天地……2.日月……3.星辰　一、北極大帝就是北極星……玄天上帝亦是北極星。二、丙午星君丙午星君就是稱丙午星的星神，臺南玉皇宮街玉皇宮內有配祀。三、二十八星宿……」[205]

---

[203] 參見：〔清〕王必昌（1704~1788）撰，《重修台灣縣志》卷六〈祠宇志〉，南投：臺灣省文獻委員會，1993.06，頁：164-165。

[204] 參見：〔日〕片岡巖（？～？，活躍於日本大正年間，かたおか　いわお），《台灣風俗誌》，台北：眾文圖書股份有限公司，1996.09，頁：55-56。

[205] 參見：〔日〕片岡巖，《台灣風俗誌》，頁：644。

其中所言之丙午星君即為丙午太歲文哲。[206]然而除此之外，鮮少有文獻提及太歲星君。由此可推知，在日治時期台灣地區民間是有在祭拜太歲的習俗，只是非為官方、以及不是很普遍之習俗。

　　台灣光復後，亦少有所聞祭拜太歲之事，僅有少數人家，因農民曆中有記載，某年屬某一生肖者犯太歲，需「安太歲」，並在農民曆中附有「太歲符」符籙（參見下圖29），供沖犯太歲之民眾剪下貼於家中神龕的下方或乾淨之處所，自行祭祀、迎奉，並於年尾時祭拜、謝太歲，並撕下及燒化所貼之太歲符（其意為送太歲回天府）；但此時期信奉之人還是屬於極少數。

---

[206] 陳峻誌在其博論中云：《台灣風俗誌》原文僅說：『丙午星君就是稱丙午星的星神，臺南玉皇宮街玉皇宮內有配祀』（按：頁：644），他並舉《高上玉皇本行集經・卷上》云：玉皇大帝乃『於丙午歲正月九日午時誕於王宮』。且云：片岡巖之《台灣風俗誌》撰於1911~1921年，而丙午年則為1864及1924，因此，此丙午星君有可能為玉皇大帝。（詳見：陳峻誌博論，《太歲的信仰溯源與祭祀空間——以臺灣為主的討論》，頁：138，註11）。不過，本文不這麼認為，理由有二：一為「玉皇宮內有配祀」，若丙午星君為「配祀」於「玉皇宮」而不是主神僅為「配祀」，怎可能是玉皇大帝？其二為一座連街道都以宮觀名為街名之宮觀——「玉皇宮街」玉皇宮，它所祀奉之神祇，怎可能連三、四十年之歷史都不到？因此，本文認為配祀在台南玉皇宮街玉皇宮內之丙午星君確為丙午太歲文哲無庸置疑。

第二節　七、八〇年代（1990）
宮觀寺廟之安太歲

　　伴隨著台灣之解嚴，及經濟之發展，宗教信仰蓬勃的興起，早年被打壓、被視為落伍、迷信之思想，隨著一些新興之宗教而抬頭，太歲之信仰與「安太歲」之習俗——儀式，已漸漸的形成風氣，並在民間傳播開來。

　　同時，「安太歲」亦成為宮觀、寺廟對信眾的一種服務，不過當時還未成為宮觀、寺廟服務信眾之主要項目，當時台灣之各宮觀、寺廟主要是讓信眾點光明燈——保平安，幫信眾「安太歲」只是少數宮觀、寺廟對信眾之附帶的一種服務而已，尚未普遍。一直到

　　　　1975年《聯合報》才有寺廟安奉太歲的訊息，載之一
　　　　則關於台中萬和宮廟祝涉嫌侵吞香油錢新聞：該宮的
　　　　八千餘名信徒，每年捐獻安太歲及安斗等香油款，總
　　　　數約達四十萬元。[207]

---

[207] 轉引自：陳峻誌博論，《太歲的信仰溯源與祭祀空間——以臺灣為
　　　主的討論》，頁：138。

　　1978年的高雄縣路竹鄉一甲觀音亭開始有安太歲
業務，是鄉內最早的安太歲之寺廟。[208]

　　1983年台中的樂成宮也有了替信眾安太歲的活
動。[209]

　　1988年《聯合報》的〈新聞辭典〉專欄則首次對
於太歲做出以下的報導：

　　「每年春節，宮廟都會為信徒安奉『太歲』，使
當年犯太歲的人得以保平安。太歲是道教的神，共有
六十位，按六十甲子排列，每年由一位太歲當值，保
護該年的年歲豐登，因此又稱「值年太歲」或「值年
星君」。

　　按俗例，與值年太歲同年出生的人，或是在太歲
對宮出生的人，[210]均為犯沖、必須安奉太歲才能事事
順遂，今年戊辰年太歲姓趙名達，屬龍、狗的人均為
犯沖。

　　許多人把太歲當作凶神惡煞，事實上，按道教說
法，值年太歲對世間的保護力，舉凡該年大小諸事，

---

[208] 參見：林怡青碩論，《高雄縣路竹鄉安太歲文化研究與鄉土教學上
的應用》，頁：40。

[209] 參見：陳峻誌博論，《太歲的信仰溯源與祭祀空間——以臺灣為主
的討論》，頁：139。

[210] 此即王充所云之：「徙抵太歲，凶；負太歲，亦凶。抵太歲名曰歲
下，負太歲名曰歲破，故皆凶也。」詳可參見本文第一章第三節。

均可向太歲稟報，祈求太歲幫忙。[211]

另，研究台灣民間信仰之作家劉還月，1989年出版之
《台灣歲時小百科》中亦云：

「太歲也就是歲神，亦即年神，俗稱太歲君，
相傳共有六十位，每位輪流掌理人間禍福一年，稱作
『值年太歲』，許多民間曆書翻開第一頁，都有值年
太歲的名號以及什麼生肖的人與太歲相沖，如果家有
與太歲相沖之人，需在新年開春，或正月初九玉皇大
帝上帝誕期，用清茶、五菓、紅圓、麵線、香燭、壽
金、四方金敬奉拜請太歲星君鎮宅平安；每年歲末農
曆十二月廿四日，『安太歲』的人家則要擺設香案，
拜謝太歲星君，並請下太歲符，連同金紙焚化，表示
送太歲回歸天庭，也就是所謂『謝太歲』。

太歲為一年之神，一般不沖犯之人，並不特別祭
拜，有些寺廟，為方便信徒，特別設置了太歲星君的
牌位，每年輪流供請值年太歲降臨，以供相沖相犯的

---

[211] 參見：黃建興，〈新聞辭典　太歲〉，《聯合報》，20版，
1982.02.22，轉引自：陳鶴文碩論，《臺灣地區六十太歲信仰之研
究──以臺南都會區為例》，頁：59。

　　信徒安奉之用。」[212]

　　由以上之各方的報導、敘述中，可以推知台灣在七、
八〇年代前期（1990之前），民眾對太歲之信仰與「安太
歲」之習俗，已逐漸形成，並漸趨成熟了。然而此時期，
台灣地區大半的宮觀、寺廟仍尚未有祭祀太歲之專祀空
間——太歲殿（或元辰殿）。祭祀太歲，大多是在寺廟
中神龕下方或殿中之一個角落，設一太歲牌位（參見下
圖27）或設有六十太歲個別之神牌、或斗燈[213]（參見下圖
28），供有需要「安太歲」之信眾，祭拜、黏貼、供奉太
歲符（參見下圖29）而已。

　　但到了1990年之後，不知是否由於媒體之大肆宣傳、或
是人與人之間互相之傳播，突然間於八〇年代，「安太歲」
之習俗，在中國大陸沿海、香港、台灣大大的盛行起來，甚
至於東南亞新加坡、馬來西亞等地之華人間亦流傳開來。

　　在台灣地區，高雄關帝殿表示其廟內早就有提供信眾
「安太歲」之服務，但太歲之神像的造型、及其由來之依
據，卻苦尋不得，只能暫時以牌位代之。1990年兩岸宗教事

---

[212] 參見：劉還月，《台灣歲時小百科》，台北：臺原出版社，
　　　1995.06.，頁：449-450。
[213] 太歲斗燈：用一圓斗，斗上面書寫某某干支年太歲或直接書寫某某
　　　太歲名諱，斗內裝太歲手執物或法器，及一燭或小油燈。

圖27：寺廟中供奉的太歲星君牌位。轉引自：劉還月，《台灣歲時小百
科》，1995，頁：449。

圖28：太歲斗燈，斗中之銀白色小碗為油燈。本文作者自攝於宜蘭縣頭城
鎮大里天公廟，2021.03.20.

圖29：台北市木柵指南宮所刊印之太歲符。轉引自：蕭登福，《太歲元辰
與南北斗星神信仰》下，2017，第六章附圖二四。

務交流中，台灣宗教團體，在到北京參訪時，發現了北京白
雲觀之元辰殿，設置有夢寐以求之完整的「六十太歲」造像
及獨立專屬之太歲神殿設置，喜出望外，高雄關帝殿立即請
大陸福建神像造像師傅，依樣仿造之，於1992年完成並開光
供信眾參拜。[214]同時，在1991年9月，台南麻豆代天府，更是
直接從北京白雲觀迎請六十太歲神像回廟供奉，[215]而成為台
灣地區第一間有六十太歲之廟宇。此外，1992年基隆慈雲寺
虎廊太歲殿內牆亦浮雕有六十太歲神像，自此而後，台灣各
地區開始展開了「六十太歲」信仰及「安太歲」習俗之蓬勃
發展時期。[216]各地區之宮觀、寺廟，競相闢出空間，設置太
歲殿、太歲專屬空間，雖然各宮觀、寺廟之太歲造像及太歲
殿之空間大小及佈置多多少少有些相異之處，然而整體之構
思，基本上多半是參考北京白雲觀之造像、佈置來安排設計
的。不過目前還是有一些宮觀、寺廟因空間位置之限制，仍
無法挪出設置太歲專祀空間來。

---

[214] 參見：陳峻誌博論，《太歲的信仰溯源與祭祀空間——以臺灣為主
的討論》，頁：153。

[215] 參見：陳峻誌博論，《太歲的信仰溯源與祭祀空間——以臺灣為主
的討論》，頁：153。

[216] 參見：陳鶴文碩論，《臺灣地區六十太歲信仰之研究——以臺南都
會區為例》，頁：59。

第三節　九〇年代（2000）以後
　　　　之點太歲燈

　　隨著時代之進展，社會之進步，「安太歲」之習俗，由
個人在自家中黏貼太歲符祭拜，及至宮觀、寺廟之代為「安
太歲」、祭拜太歲，再進一步各宮廟、寺廟設置了太歲專祀
之空間，有需要安太歲之信眾，可到各宮觀、寺廟之太歲殿
或斗姆殿去祭拜，並發展出如同「點光明燈」一般之「點太
歲燈」服務。

　　道教中之「點燈」其實，早在東晉末年太極太虛真人撰
之《洞玄靈寶道學科儀》[217]卷下〈燃燈品〉中即有云：

> 「凡是道學，當知供養法門，有早有夜；上燈之法，
> 有然有續。若道士、女官，將闇上燈，名為續明。
> 闇後上燈，名為燈明。有二種相：一者總相，二者別
> 相。言總相者，先於見前可見道寶、經寶座前然之，
> 次於見在可見師寶房前然之。或人間宿習所重、道法
> 中敬信時節，人外人內然之，以祈二種福報。一者助
> 天光明，以祈肉眼根淨，障翳消除；二者助天光明，

---

[217] 南北朝時之陸修靜（406~477）所撰之《靈寶經目》已著錄有此經。

以祈周詣遊處，常得明了。言別相者，一己自行於本
命，上然三燈，以照三魂；行年，上然七燈，以照七
魄；『太歲，上然一燈，以照一身』……」[218]

唐代杜光庭修訂之《太上黃籙齋儀》卷五十六〈禮
燈〉：「然燈咸儀，於太歲上，然一燈，以照太歲之辰。為
弟子除一年災害，福慶來臻。弟子於燈下，三禮」[219]

不過佛教在更早期之譯經中就有「燃燈」（按：點燈）
供養、「燃燈」功德之說了，諸如：

三國吳月支支謙譯之《撰集百緣經》：「今此塔者，先
王所造供養之處，以此良日，掃除清淨，燃燈供養。」、[220]
姚秦涼州沙門竺佛念譯《出曜經》：「有善人詣彼塔寺禮拜
求福，或上明燃燈燒香掃灑，作倡伎樂懸繒幡蓋」、[221]元魏
涼州沙門慧覺等在高昌郡譯《賢愚經》卷3：

---

[218] 參見：〔東晉〕太極太虛真人撰，《洞玄靈寶道學科儀》卷下〈燃
燈品〉，收錄於《正統道藏・太平部・儀字號》，第四十一冊，台
北：新文豐出版股份有限公司，1995.04，頁：718。

[219] 參見：〔唐〕杜光庭修訂，《太上黃籙齋儀》卷五十六〈禮燈〉，
收錄於《正統道藏・洞玄部・威儀類》，第十五冊，台北：新文豐
出版股份有限公司，1995.04，頁：590。

[220] 參見：〔三國吳〕支謙譯，《撰集百緣經》卷6，（CBETA 2020.
Q3, T04, no. 200, p. 230a16-18）。

[221] 參見：〔姚秦〕竺佛念譯，《出曜經》卷18，（CBETA 2020.Q3,
T04, no. 212, p. 707b10-12）。

「聖友比丘，日日經營，燃燈供養」、[222]
「三會說法，得蒙度者，悉我遺法種福眾生，或三寶
中興供養者，出家在家持齋戒者，燒香燃燈禮拜之
者，皆得在彼三會之中。三會度我遺殘眾生，然後乃
化同緣之徒。」[223]

等等，多有提及「燃燈」之儀。唐代佛教密教一行法師也在
其所撰之《七曜星辰別行法》云：「於病人家中點燈一盞。
以清酒一盞白脯一疊。祭之於昴宿。」[224]教人點燈祭拜可去
邪、去病。

宋代道教在薦拔時，立壇也會點太歲燈，《靈寶玉鑑》
卷十四〈壇儀法式門〉中亦有：

「壇外然燈，總十有六，合一百五十九燈。『太歲
燈』，隨年建。本命、行年、大小墓燈，隨齋主生屬
安之。本命行年燈，隨十二支轉。大小墓燈，以五姓

---

222 參見：〔元魏〕慧覺等譯，《賢愚經》卷3，（CBETA 2020.Q3,
T04, no. 202, p. 371c7-8）。

223 參見：《賢愚經》卷12，（CBETA 2020.Q3, T04, no. 202, p.
435c23-27）。

224 參見：〔唐〕一行撰，《七曜星辰別行法》，（CBETA 2020.Q3,
T21, no. 1309, p. 453a26-27）。

　　納音推。」[225]

只是當時之『太歲燈』是法師、道士立壇作法時點的，而現在點之『太歲燈』乃是一般信眾，在沖犯太歲之年，長年（一整年）點的。宮觀、寺廟之『太歲燈』如下圖30、31：

圖30：太歲燈塔。本文作者自攝於慈祐宮，2021.03.20.

---

[225] 參見：《靈寶玉鑑》卷十四〈壇儀法式門〉，收錄於：《正統道藏・洞玄部・方法類・及字號》《靈寶玉鑑》，第十七冊，台北：新文豐出版股份有限公司，1995.04，頁：181。

圖31：台北市木柵指南宮六十太歲神龕與太歲燈牆。引自：指南宮管理委
員會編印，《六十太歲神》，2007，頁：6。

　　近年來，電腦、網路、雲端科技高度的發達，安太歲、
點太歲燈也已經「雲端」化了，隨著網路、雲端科技之普
及、廣泛之覆蓋及高速化，「雲端」已經成為生活上之不可
分割之一部分了，「雲端牌位」、「雲端光明燈」、「雲端
太歲燈」取代了傳統之宗教儀式，開展出了現代之宗教儀
式。此正是迎合了現代人之生活模式。

　　廿一世紀的現代社會，科技極度發達，但是人們之心靈
卻極端的空虛、與脆弱，隨機殺人、打人、鬧事之事，時有
所聞，憂鬱症、各種精神失調症狀，患者比例之高，前所未
有。上世紀中，被年輕人、知識階層人士斥之為「迷信」之

事，如祭拜文昌帝君（升官、中榜）、財神（發財）、「安太歲」（免災）等習俗；現今則不然，反而有更多的高知識分子、高科技從業者，來信奉。例如，近日之英國廣播公司（BBC）的Worklife單元報導說：

> 「『乖乖』各種口味中的綠色包裝奶油椰子口味（參見圖32），成為各種機械的護身符，從點鈔機、到無線電塔旁邊都會擺上一包，希望這種膨化玉米點心能保佑機器正常運作，在實驗室、銀行，甚至醫院都可以看到『乖乖』的身影。報導表示，在半導體產業領先全球的台灣，『乖乖』究竟何時開始有這種幸運符功能無人知曉。」[226]

現今之年輕人多已能接受「安太歲」之習俗，「安雲端太歲」、或「點太歲燈」已成為現今流行之習俗了。每年農曆年春節時、正月初，很多沖犯太歲之生肖的人，都會上網安雲端太歲、或到宮觀、寺廟去點太歲燈，傳統之安（黏貼）「太歲符」之習俗反而幾乎已被取代而消失了。

---

[226] 參見：https://news.ltn.com.tw/news/life/breakingnews/3501551?utm_source=LINE&utm_medium=OFFICIAL&utm_campaign=ROBOT&utm_content=20210416，2021.04.20.擷取。

圖32：綠色之「乖乖」米菓包及「靠得住」衛生棉包，被擺放到高科技監視器
機台（monitor）上，用來保佑機台「乖乖」的、「靠得住」的運行。
引自：https://news.ltn.com.tw/news/life/breakingnews/3501551?utm_
source=LINE&utm_medium=OFFICIAL&utm_campaign=ROBOT&utm_
content=20210416，2021.04.20.擷取。

　　最早所說的犯太歲每年只有一個方位、一個生肖，即面
迎太歲之方──與值年太歲之生肖相隔六格（一輪分成十二
格）而相對的生肖與之相沖，需要「安太歲」。例如：子一
午（鼠─馬）相沖、丑─未（牛─羊）相沖……等等。而背
負太歲之方──即與值年太歲生肖相同之生肖為吉方。[227]而

227 據陳峻誌之研究，《淮南》〈天文訓〉之「太陰（按：太歲）所

後，有逐漸演變為向、背皆不可，兩者皆屬「犯蹕」[228]——太歲有如天子，天子所行之處，無論前後皆不可沖犯。王充之《論衡》〈難歲〉：「〈移徙法〉曰：『徙抵太歲，凶；負太歲，亦凶。』」[229]因而與值年太歲相同之生肖也需要「安太歲」（變成二者皆需「安太歲」）。之後又因數術之理論，言及所屬生肖（地支）往前、往後相隔二格之生肖，也就是與之前、後的夾角90度之生肖也相犯——為「偏沖」，例如：子一卯（鼠一兔）、子一酉（鼠一雞）偏沖……等等。因此除了值年太歲本身之生肖外，尚有正對面之「正沖」生肖，及左右夾角90度之「偏沖」的二個生肖，每年共計有四個生肖需「安太歲」。此外，尚有一些宮觀、寺廟把其他數術所言之沖犯，如白虎、天狗、官符、病符、死符、弔客、喪門、五鬼等神煞一併計入，每年共計有十個生肖要「安太歲」，此已超出本文之範圍了，於此不加以討論。

居，不可背而可鄉（向）」此句有誤，宜作「太陰所居，不可鄉而可背」。參見：陳峻誌碩論，《太歲信仰研究》，頁：56-57。

[228] 犯蹕，沖犯帝王車駕之所在。參見：王充，《論衡》〈難歲〉：「太歲之意，猶長吏之心也。長吏在塗，人行觸車馬，干其吏從，長吏怒之，豈獨抱器載物，去宅徙居觸犯之者，而乃責之哉？昔文帝出，過霸陵橋，有一人行逢車駕，逃於橋下，以為文帝之車已過，疾走而出，驚乘輿馬。文帝怒，以屬廷尉張釋之。釋之當論。使太歲之神行若文帝出乎？則人犯之者，必有如橋下走出之人矣。」，台北：宏業書局有限公司，1983.04，頁：100。

[229] 參見：王充，《論衡》〈難歲〉，台北：宏業書局有限公司，1983.04，頁：100。

　　每一個人任何時間，都要面對二位太歲星君，一位為其
本命太歲──即出生年時之值年太歲（跟著你一生，終生都
不變），另一位為流年之值年太歲──按照干支年流轉，
六十年輪值一次。如依照上面所述之正沖、偏沖理論來講，
一年有四個生肖會有沖犯到太歲，如此而言，不論正沖或偏
沖，每個人每三年就得要安一次太歲。

第六章

結語

　　在人類之宗教信仰上，時常展現出二個方面，一方面以敬畏之心來面對這些大自然之現象、乃至超自然之現象——迷信、信仰；另一方面則想方設法要來加以化解、甚至於要來控制、駕馭它——祭拜、儀軌。在這些宗教信仰中，有關於對自然的崇拜中之天體運行，起源最早也最為重要，古人把天體運行之規律加以觀察與歸納，並與予擬人化，同時也將空間與時間結合起來，就這樣產生出了「星宿信仰」，並衍生出一系列的演化，衍生出許多的新興信仰來，「六十甲子太歲」之信仰，就是在這種時空背景下誕生的。

　　早在殷商時期，就已有了「歲星」之信仰，之後經歷
先秦時期之演化，在前漢初期「太歲」由歲星衍生而出現，
此時期「太歲」之信仰承續了「歲星」之占星功用，與太歲
同方向（負太歲）為吉，反方向（迎太歲）則凶；同時太歲
亦被用來作為曆算之紀日、紀年之標記。在兩漢之時，逐漸
的醞釀、發展出太歲之數術功能，出現了太歲為煞之說，破
土、興建時需趨避，否則就會沖犯到太歲，所謂「太歲頭上
動土」是也。同時在漢唐之際，太歲與歲星也已被徹底的
分離開來了，「歲星為陽，右行於天；太歲為陰，左行於
地」，太歲在地，引發出唐宋之時，民間盛傳「太歲肉」之
說。同時「太歲十二神體系初步完成於盛唐」，在隋唐之時
亦確立了太歲十二神與十二生肖之連結。到了兩宋、金代之
時，官方開始興建、祭拜「太歲元辰神」，並發展出「上清
北帝地司太歲大威德神王至德主帥殷元帥」殷郊，以殷元帥
為太歲之頭目。不過，在兩宋之後，太歲又逐漸地脫離了
地司神祇之行列，轉而為天上星宿之神祇，元代之時，把
原屬於西王母神系之斗母，轉化為與佛教之摩利支天合而為
一之斗姆元君，作為太歲諸神之主神。同時，在宋元之時，
透過數術之衍化，「太歲十二神」亦隨著六十干支之數，而
衍生成六十太歲元辰神，到了元末明初之時，民間逐漸地流
傳出「六十太歲大將軍」並賦予彼等名諱，把歷代忠於祖國
之文官武將、正直廉潔之官吏、有節操之君子、隱士，演繹

為某干支太歲神之降生、轉世人間，來濟世化人。到了明末之時，已集滿了六十太歲神了，不過彼時仍為民間各地之傳說，眾說紛紜，尚無統一之版本。

　　一直到清初全真教龍門派道士王常月、柳守元師徒之時，才透過扶鸞產生出今日之「六十太歲」星君名諱來。雖然「六十太歲」自清初已經定了型，但是人們對這「六十太歲」之信仰，還是隨著時代之進展而改變，從清代之官方於孟春祭拜太歲，到民國初年廢止。但是，雖停止官方祭祀，民間還是流傳著「安太歲」、祭祀太歲之習俗，太歲信仰並未斷絕。同時「安太歲」之儀式，也隨著時代之演變而不同，從早年之個別在自家黏貼「太歲符」祭拜，進而由宮觀、寺廟代為安「太歲符」，隨著電腦科技、網路的進展，由安「太歲符」轉而為點「太歲燈」，到了今天更是進展到點「雲端太歲燈」、安「雲端太歲」，在自己家裡用電腦、手機輕輕的按幾個鍵，填個個人資料、轉個帳，一切就OK了；而且宮觀、寺廟之安太歲服務，亦更為精緻化，早期之「安太歲」只是填寫個人姓名、地址、出生年月日，黏貼一張太歲符於宮觀、寺廟之牆壁上即完事，現今，宮觀、寺廟之「安太歲」、「點太歲燈」服務，除了初一、十五，由宮觀、寺廟幫信眾誦經外，還會給信眾一個經過加持過的「太歲符」，讓信眾整年隨身攜帶在身邊，時時刻刻保平安。

　　至於，民眾「安太歲」之動機，雖然是因人而異，根據

　　林怡青的碩論之田野調查中，她歸納出五點「安太歲」信眾之動機：

一、曾經發生嚴重意外事故的人：此類之人大多是原先不太在意安不安太歲之族群，但在自身或親友發生了一些較為重大意外或事故之後，轉而去相信安太歲之習俗、信仰。

二、身體不適或生病：人在健康、活躍之時日，可能不相信這些沖、煞之說，而斥之為迷信，然而一但身體不適、生病久醫不癒，則容易轉而去求此超自然之力量，來祈求身體之健康。

三、尋求心理上之安慰：此類人並無特別之動機，只是想花個小錢，寧可信其有，保個平安、求個心安。

四、家人之要求：本身並不怎麼相信安太歲這回事，但應家裡父母、長輩之要求而去安太歲。

五、其他因素：除上述之外的個別因素，如祈求事業亨通、學業順利、行車平安、諸事順遂等等。

　　雖然，太歲信仰在今日已變得十分普遍，各地宮觀、寺廟無論道教、佛教或屬於民間信仰之大、小宮觀、寺廟，幾乎都有在幫人「安太歲」、「點太歲燈」，甚至在網路上亦有許多的網站，在幫人「安雲端太歲」。然而人們對太歲信仰之認知、與太歲之來由，依然十分陌生與片段，希望本文能為您解惑、讓您更加清楚地認識您所安的太歲。

參考文獻

古籍：

〔先秦〕托名大禹撰，《山海經》，台北：里仁書局，1995.04。

〔先秦〕托名周公或孔子撰，《爾雅》，台北：台灣古籍出版
　　　有限公司，2002.01。

〔先秦〕托名周公撰，《周禮》，〔漢〕鄭玄注，〔唐〕賈公
　　　彥疏：《周禮注疏》，台北，台灣古籍出版有限公司，
　　　2001.10。

〔先秦〕傳左丘明撰，《國語》，台北：里仁書局，1980.09。

〔先秦〕左丘明撰，《春秋左傳》，〔晉〕杜預注，〔唐〕孔
　　　穎達疏，《春秋左傳正義》，台北：台灣古籍出版有限公
　　　司，2002.01。

〔先秦〕尸佼撰，《尸子》，台北：三民書局股份有限公司，
　　　1997.01。

〔先秦〕荀況撰，《荀子》，北京：中國長安出版社，
　　　2009.05。

〔前漢〕司馬遷撰，《史記》，台北：臺灣商務印書館股份有
　　　限公司，1981.01。

〔前漢〕班固等撰，《漢書》，台北：臺灣商務印書館股份有
　　　限公司，1981.01。

〔前漢〕劉安等撰，《淮南子》，台北：世界書局，1958.05。

〔後漢〕王充撰，《論衡》，台北：宏業書局有限公司，
　　1983.04。

〔唐〕李肇撰，《翰林志》，收錄於明刊本《歷代小史》之
　　十二卷，台北：臺灣商務印書館股份有限公司，1969.03。

〔唐〕房喬等撰《晉書》，台北：臺灣商務印書館股份有限公
　　司，1981.01。

〔唐〕段成式撰，《酉陽雜俎》，新北：源流文化事業有限公
　　司，1983.09。

〔唐〕鄭處誨撰，《明皇雜錄》，北京：中華書局，1997.12。

〔唐〕戴孚撰，《廣異記》，收錄於：《中國文言小說百部經
　　典》，北京：北京出版社，2000.03。

〔唐〕魏徵等撰，《隋書》，台北：臺灣商務印書館股份有限
　　公司，1981.01。

〔北宋〕李昉撰，《太平廣記》，北京：中華書局，1961.09。

〔北宋〕歐陽修撰，《歐陽修全集》，北京：中華書局，
　　2001.03。

〔北宋〕鄭居中編纂，《政和五禮新儀》，台北：商務印書
　　館，1986，王雲五主編，《四庫全書》。

〔南宋〕郭彖撰，《睽車志》，收錄於《文淵閣四庫全書‧子
　　部三五三‧小說家類》，第一○四七冊，臺灣商務印書
　　館，1985.06。

〔元〕蘇天爵編，《元文類》台北：世界書局，1989.04。

〔明〕宋濂撰，《元史》，台北：臺灣商務印書館股份有限公
　　司，1981.01。

〔明〕徐一夔撰，《明集禮》，台北：商務印書館，王雲五主
　　編，《四庫全書珍本‧八集》，1986。

〔明〕許仲琳撰，《封神演義》，台北：風雲時代出版社，
　　1987.07。

〔清〕王引之撰，《經義述聞》。南京：江蘇古籍出版社，
　　1985.07。

〔清〕王必昌撰，《重修台灣縣志》，南投：臺灣省文獻委員
　　會，1993.06，

〔清〕佚名，《安平縣雜記》，收錄於《臺灣歷史文獻叢
　　刊》，南投：臺灣省文獻委員會，1993.02。

〔清〕邵晉涵、鄭澐撰，《杭州府志》，收錄於《續修四庫全
　　書‧史部‧地理類》，第七○一冊，上海：上海古籍出版
　　社，2003.05。

〔清〕張廷玉等撰，《明史》，台北：臺灣商務印書館股份有
　　限公司，1981.01。

〔清〕趙翼撰，《陔餘叢考》，石家莊：河北人民出版社，
　　2006.06。

〔清〕蔣湘南撰，《七經樓文鈔》，鄭州：中州古籍出版社，
　　1991.02。

〔民國〕趙爾巽撰，《清史稿》，北京：中華書局，1998。

專著：

姜亮夫等撰，《先秦詩鑑賞辭典》，上海：上海辭書出版社，
　　1998.12.。

唐魯孫，《老古董》，台北：大地出版社，1981.05。

董中基、張繼禹撰，《道教全真祖庭北京白雲觀》，北京：中

華道教協會，1987。

劉還月，《台灣歲時小百科》，台北：臺原出版社，1995.06。

蕭登福，《太歲元辰與南北斗星神信仰》下，台北市：新文豐
　　出版股份有限公司，2017.07。

〔日〕片岡巖（かたおか　いわお），《台灣風俗誌》，台
　　北：眾文圖書股份有限公司，1996.09。

經典：

中華電子佛典協會CBETA，《漢文大藏經》，中華電子佛典協
　　會CBETA，2021。

白雲觀長春真人編纂《正統道藏》，台北：新文豐出版股份有
　　限公司，1995.04。

〔三國・吳〕葛玄撰，〈四極明科開度文訣〉，收錄在《正
　　統道藏・正乙部・肆字號》《正一法文法籙部儀》，第
　　五十四冊，台北：新文豐出版股份有限公司，1995.04。

〔東晉〕太極太虛真人撰，《洞玄靈寶道學科儀》卷下〈燃燈
　　品〉，收錄於《正統道藏・太平部・儀字號》，第四十一
　　冊，台北：新文豐出版股份有限公司，1995.04。

〔唐〕王仲丘撰，《攝生纂錄》，收錄於《正統道藏・洞玄
　　部・眾術類》，第十八冊，台北：新文豐出版股份有限公
　　司，1995.04。

〔唐〕杜光庭修訂，《太上黃籙齋儀》卷五十六〈禮燈〉，收
　　錄於《正統道藏・洞玄部・威儀類》，第十五冊，台北：
　　新文豐出版股份有限公司，1995.04。

〔唐〕杜光庭撰，《墉城集仙錄》，收錄於《正統道藏·洞神部·譜籙類·竭字號》，第三十冊，台北：新文豐出版股份有限公司，1995.04。

〔唐〕瞿曇悉達編，常秉義點校《開元占經》，北京：中央編譯出版社，2006.09。

〔北宋〕王契真撰，《上清靈寶大法》卷四〈十玄修用門〉，收錄於《正統道藏·正乙部·鬱字號》，第五十一冊，台北：新文豐出版股份有限公司，1995.04。

〔北宋〕張君房編，《雲笈七籤》，北京：中華書局，2003.12。

〔南宋〕蔣叔輿（1163～1223）撰，《無上黃籙大齋立成儀》卷五十六，收錄於《正統道藏·洞玄部·威儀類》，第十六冊，台北：新文豐出版股份有限公司，1995.04。

〔清〕孟珙撰，〈太上靈寶玉晨至尊報德酬恩法懺〉，收錄於〔清〕彭定求纂輯，《道藏輯要》，《懺法大觀》，第二十一冊，台北：考正出版社，1971.07。

〔清〕柳守元撰，〈太上玄天北極法主蕩魔天尊寶懺〉，收錄於〔清〕彭定求纂輯，《道藏輯要》，《懺法大觀》，第二十一冊，台北：考正出版社，1971.07。

〔清〕柳守元撰，《太上靈華至德歲君解厄延生法懺》，收錄於〔清〕彭定求纂輯，《道藏輯要》《柳集四》，第二十一冊，台北：考正出版社，1971.07。

碩博論文：

石宜鑫碩論，《台灣北部地區太歲信仰與造型研究》，
　　2011.06。
林怡青碩論，《高雄縣路竹鄉安太歲文化研究與鄉土教學上的
　　應用》，2003.06。
陳鶴文碩論，《臺灣地區六十太歲信仰之研究——以臺南都會
　　區為例》，2007.06。
陳峻誌碩論，《太歲信仰研究》，2007.06。
陳峻誌博論，《太歲的信仰溯源與祭祀空間——以臺灣為主的
　　討論》，2014.06。

期刊論文：

李豐楙，〈安太歲的信仰與習俗〉，《道教月刊》第14期，
　　2007.02，頁：19。
李豐楙，〈安太歲的信仰與習俗〉，高雄：《關係我》季刊，
　　第43期，1992，頁：26。
董中基，〈白雲觀裡祭歲星〉，收入《道教與傳統文化》，文
　　史知識文庫，北京：中華書局，1997.10，頁：341-344。
冀寧道人郭瑞雲撰〈道教六十星宿神像與十二生肖圖〉，中華
　　民國道教會台灣省台南市支會印，1990。
蕭登福，〈試論北斗九皇、斗姆與摩利支天之關係〉，《國立
　　台中技術學院人文社會學報》第三期，台中市：國立台中
　　技術學院，2004.12，頁：5。

參考文獻

參考網站、資料庫：

《法鼓人名規範資料庫》，https://authority.dila.edu.tw/ person/。

〔每日頭條〕網頁https://kknews.cc/zh-tw/culture/g22lnjm. html，2021.03.06擷取。

〔即時新聞／綜合報導〕網頁https://news.ltn.com.tw/ news/ life/breakingnews/3501551?utm_source=LINE&utm_ medium=OFFICIAL&utm_campaign=ROBOT&utm_ content=20210416，2021.04.20.擷取。

漢代緯書《春秋運斗樞》https://www.facebook.com/ ichintri/pho tos/%E5%8C%97%E6%96%97%E4%B8%83%E6%98%9F%E6%98% AF%E7%94%B1%E5%A4%A7%E7%86%8A%E5%BA%A7%E7%9A%8 4%E4%B8%83%E9%A1%86%E6%98%8E%E4%BA%AE%E7%9A%84 %E6%81%86%E6%98%9F%E7%B5%84%E6%88%90%E5%9C%A8%E5 %8C%97%E5%A4%A9%E6%8E%92%E5%88%97%E6%88%90%E6%96 %97%E6%88%96%E5%8B%BA%E5%BD%A2%E5%9B%A0%E7%82%B A%E9%80%99%E4%B8%83%E9%A1%86%E6%98%9F%E8%BC%83%E 6%98%93%E8%A2%AB%E8%A7%80%E6%98%9F%E8%80%85%E8%B E%A8%E8%AA%8D%E5%87%BA%E4%BE%86%E6%89%80%E4%BB% A5%E5%B8%B8%E8%A2%AB%E7%94%A8%E4%BD%9C%E6%8C%8 7%E7%A4%BA%E6%96%B9%E5%90%91%E5%92%8C%E8%AA%8D% E8%AD%98%E6%98%9F%E5%BA%A7%E7%9A%84%E9%87%8D%E8 %A6%81%E6%A8%99%E8%AA%8C%E6%98%AF%E4%B8%80%E5%8 0%8B%E9%87%8D%E8%A6%81%E7%9A%84%E6%98%9F%E7%BE% A4%E5%8C%97%E6%96%97%E4%B8%83%E6%98%9F%E4%B9%8B%

E5%90%8D%E5%A7%8B/2025705617507838/，2021.03.20擷取

引用圖表：

〔明〕佚名，《繪圖三教源流搜神大全》，台北：聯經出版事
　　業有限公司，1980.08。

大藏經學術用語研究會編集，《大正新修大藏經》《圖像
　　三》，台北：新文豐出版股份有限公司，1992。

中國道教協會編，《道教神仙畫集》，北京：華夏出版社，
　　1995.04。

方文科，《道教六十星宿神像與十二生肖圖》，台南：台南市
　　土城正統鹿耳門聖母廟印，1998。

石宜鑫碩論，《台灣北部地區太歲信仰與造型研究》，2011.06。

指南宮管理委員會編印，《六十太歲神》，台北：指南宮管理
　　委員會編印，2007。

陳峻誌博論，《太歲的信仰溯源與祭祀空間——以臺灣為主的
　　討論》，2014.06。

陳峻誌碩論，《太歲信仰研究》，2007.06。

陳蓮笙、黎顯華、張繼禹領受，《太歲神傳略》，北京：宗教
　　文化出版社，2005.09。

陸志紅主編，《西王母文化研究集成圖像資料卷》，桂林：廣
　　西師範大學出版社，2009.03。

黃志賢總編輯，《中國諸神雕畫全集》下，台北：道觀出版
　　社，2001.10。

劉還月，《台灣歲時小百科》，台北：臺原出版社，1995.06。

蕭登福，《太歲元辰與南北斗星神信仰》下，台北：新文豐出版股份有限公司，2017.07。

羅文華編，《藏傳佛教造像》，北京：紫禁城出版社，2009.09。

北京白雲觀搜狗網頁https://pic.sogou.com/d?query=%E5　%8C%97%E4%BA%AC%E7%99%BD%E9%9B%B2%E8%A7%80%E6%96%97%E5%A7%A5&forbidqc=&entityid=&preQuery=&rawQuery=&queryList=&st=&did=64，2021.04.08.擷取。

〔北京白雲觀〕六十太歲網頁https://pic.sogou.com/pics?　query=%E5%85%AD%E5%8D%81%E7%94%B2%E5%AD%90%E5%A4%AA%E5%B2%81%E7%A5%9E%E5%90%9B%E5%9B%BE%E5%83%8F&st=255&from=vr&rawQuery=%E5%85%AD%E5%8D%81%E7%94%B2%E5%AD%90%E5%A4%AA%E5%B2%81%E7%A5%9E%E5%90%9B%E5%9B%BE%E5%83%8F，2021.04.08.擷取。

〔每日頭條〕網頁https://www.google.com/search?q=%E5　%A4%AA%E6%AD%B2%E8%82%89&sxsrf=ALeKk01odix4-XGtYsXcTFo0euIesf2AeQ:1617014183286&source=lnms&tbm=isch&sa=X&ved=2ahUKEwij-Pafp9XvAhUGiZQKHT3JAeYQ_AUoAXoECAEQAw&biw=1090&bih=386#imgrc=1lsHAm3TRcf4TM，2021.03.12.擷取。

〔每日頭條〕網頁https://kknews.cc/zh-tw/culture/　g22lnjm.html，2010.03.06擷取，（作者自行合成）。

〔即時新聞／綜合報導〕網頁https://news.ltn.com.tw/　news/life/breakingnews/3501551?utm_source=LINE&utm_medium=OFFICIAL&utm_campaign=ROBOT&utm_content=20210416，2021.04.20.擷取。

〔松果購物〕網頁https://www.pcone.com.tw/product/info/201120501876#ref=d_search_listdefault_1，2021.03.31.擷取。

國家圖書館出版品預行編目

略述台灣太歲信仰之歷史沿革 / 蘇原裕著. -- 臺
北市：致出版, 2021.12
　　面；　公分
　ISBN 978-986-5573-31-7(平裝)

　1.民間信仰 2.臺灣

271.9　　　　　　　　　　　　110020729

略述台灣太歲信仰
之歷史沿革

作　　者／蘇原裕
出版策劃／致出版
製作銷售／秀威資訊科技股份有限公司
　　　　　114 台北市內湖區瑞光路76巷69號2樓
　　　　　電話：+886-2-2796-3638
　　　　　傳真：+886-2-2796-1377
網路訂購／秀威書店：https://store.showwe.tw
　　　　　博客來網路書店：https://www.books.com.tw
　　　　　三民網路書店：https://www.m.sanmin.com.tw
　　　　　讀冊生活：https://www.taaze.tw

出版日期／2021年12月　　定價／450元

致　出　版　　　　　　　　　向出版者致敬